_________________________ 님께

열매 맺는 삶을 기도하는 마음으로 이 책을 드립니다.

_________________________ 드림

천국에서 온 서른세 개의 씨앗

천국에서 온
서른세 개의 **씨앗**

엮은이 | 이주익
펴낸이 | 김원중

책임편집 | 이민수
편   집 | 김현정, 윤예미, 양인숙
디 자 인 | 옥미향
마 케 팅 | 김재국, 정용범

초판인쇄 | 2007년 12월 3일
초판발행 | 2007년 12월 10일

출판등록 | 제313-2007-000172호(2007.8.29)

펴 낸 곳 | (주)상상나무
          도서출판 선미디어
주   소 | 서울시 마포구 상수동 324-11
전   화 | (02)325-5191 팩   스 | (02)325-5008
홈페이지 | http://smbooks.com

ISBN 978-89-960092-5-2 03230

값 8,500원

Art of Meditation

천국에서 온
서른세 개의 씨앗

승리 · 위로 · 평안 편 | 이주익 엮음

상상나무

머리말

역사를 돌이켜 보면 모든 시대 사람들이 다 자기 시대를 말세(末世)라고 개탄하고 있는 모습을 발견할 수 있습니다. 결국 모든 시대 사람들이 자기 시대와 개인의 삶에 대하여 회의와 불안 속에 살고 있는 것입니다. 참으로 이 지상에서의 인간의 존재 자체와 거칠고 분요한 세상에서의 삶이 어찌 순탄하기만을 바랄 수 있겠습니까?

그렇기에 우리 그리스도인들은 더욱더 말씀에 의지하며 살아가야 합니다. 그럴 때만이 삶의 좌표와 목적지를 바로 알 수 있고, 또 마음의 평안과 소망을 잃지 않을 수 있기 때문입니다.

그리하여 『천국에서 온 서른세 개의 씨앗』에서는 『천국에서 온 서른세 장의 엽서』에 이어 성도들이 매일의 삶에서 부딪치는 삶의 문제들을 33개 주제로 나누고 이에 맞는 기독교 명언과 성구를 모았습니다. 이 책들을 통하여 성도들이 필요할 때마다 때에 맞는 좋은 말씀을 찾아 묵상하며 위로와 기쁨을 누리시기를 바랍니다.

　본서를 펴내는 일에 함께 힘을 모은 상상나무 여러분과 이 종을 주님의 사자로 따르는 서대문 감리교회의 충성스런 권속들 그리고 이 종의 반려자인 집사람과 믿음의 용력을 가진 두 아들 전도사들과 기쁨을 나누고 싶습니다. 특히 1993년 이래 나에게 경건, 인내, 성화의 품세를 제시해 주었고 섭리의 빛으로 정진할 수 있도록 기도하시는 미국 필라델피아 성서 대학교 W. Sherill Babb 총장의 값진 응원에 언제나 감사하고 있습니다.

　모쪼록 이 책이 성도님들의 생활 현장과 말씀을 이어주는 아름답고 믿음직한 가교의 역할을 하게 되기를 기도합니다.

2007. 12월에
이 주 익 목사

목차

제1부 승리의 길

제2부 위로의 길

승리의 길

형언할 수 없는 아름다움

❋ 우리가 한 몸에 많은 지체를 가졌으나 모든 지체가 같은 기능을 가진 것이 아니니 이와 같이 우리 많은 사람이 그리스도 안에서 한 몸이 되어 서로 지체가 되었느니라 (롬 12:4,5)

한 신혼부부가 다가와 담요에 싸인 아기를 건네주며 기도를 부탁했습니다. 아기의 이름을 묻자 엄마는 담요를 제치며 아기 얼굴을 보여 주었습니다. 나는 아기를 보고 기절할 뻔했습니다. 지금까지 살면서 한 번도 본 적 없는 끔찍한 기형이었기 때문입니다.

"오, 하나님!" 나는 이 말밖에 할 수 없었습니다. 엄마는 "아기 이름은 에밀리에요. 두 달밖에 살 수 없대요. 아기가 죽기 전에 우리 사랑을 알 수 있도록 기도해 주세요" 하고 말했습니다.

함께 기도하고 나서 나는 부부에게 "우리가 도울 일이 없겠습니까?" 하고 물었습니다. 그러자 아빠는 이렇게 대답했습니다.

"목사님, 우리는 괜찮습니다. 정말입니다. 소그룹을 통해 오랫

동안 사랑받았거든요. 임신 때부터 아기가 이상이 있다는 사실을 알고 소그룹에서 함께 기도했어요. 에밀리가 태어나던 날도 집에 데려오던 날도 그들은 우리와 함께 해주었습니다. 그들은 매일 우리를 위해 기도하고 하루에도 몇 번씩 전화해 줍니다. 지금은 에밀리의 장례 준비를 상의하고 있지요."

그때 다른 세 쌍의 부부가 다가와 에밀리의 부모를 둘러쌌습니다. "우리 소그룹은 예배에 함께 참석하고 있어요."

이것이야말로 내가 무덤까지 가지고 갈 모습입니다. 인생이 주는 가혹한 충격을 최선을 다해 견디는 그들을 보며 나는 생각했습니다.

'교회가 아니라면 저 가족이 어떻게 살았을까? 어디로 갈 수 있었을까? 교회가 아니라면 저들 부부의 가슴 찢어지는 아픔을 어떻게 다룰 수 있었을까?

교회의 아름다움은 형언할 수 없고 그 잠재력은 무한합니다.

빌 하이벨스

함께 돌아보며 일하는 교회

※ 서로 돌아보아 사랑과 선행을 격려하며 모이기를 폐하는 어떤 사람들의 습관과 같이 하지 말고 오직 권하여 그 날이 가까움을 볼수록 더욱 그리하자 (히 10:24,25)

초대 교회를 보면 단독으로 사역한 교회를 찾기가 쉽지 않습니다. 예수님도 공생애 사역을 위해 제자들을 부르셔서 함께 사역하셨고, 사도행전에서도 오순절 성령 강림 이후 복음 전파를 위해 여러 곳으로 흩어진 사람들이 서로를 보살피면서 함께 사역했던 것을 볼 수 있습니다.

착하고 성령 충만한 바나바를 통해서 많은 사람들이 예수님을 알게 되었고, 안디옥 교회는 성장할 수 있었습니다(행 11:22-24).

그런데 왜 바나바는 사울을 초청해서 함께 사역하려 했을까요? 혼자의 힘으로도 충분히 주어진 사역을 잘 감당할 수 있을 것 같은데 말입니다. 그러나 바나바는 혼자서는 교회의 모든 사역을 잘 감당할 수 없다는 것을 알았습니다. 더욱이 그의 교회의 사역이 계속 유지되기 위해서는 다양한 달란트를 가진 일꾼들이 필요하다는 것을 깨달았습니다(행 11:25,26).

만약 안디옥 교회가 사울을 초청하지 않고 오직 바나바만을 중심으로 사역했다면 세계 선교의 전초 기지 역할을 감당했던 역사적인 교회로 기억되지 못했을 것입니다.

하나님은 능력 많은 한 사람이 많은 일을 감당하는 것보다는 많은 사역자들이 조화를 이루며 동역하는 것을 더 기뻐하십니다. 그러므로 교회가 여러 사역자들을 초청하여 함께 동역할 때, 그 교회는 건강하게 성장할 수 있습니다.

성경은 언제나 우리에게 함께 교제하고 봉사하라고 말씀하십니다. 초대 교회는 항상 서로 돌아보며 위로하고 권면했습니다.

사도행전 2장 44절에 "믿는 사람이 다 함께 있어 모든 물건을 서로 통용하고"라고 말씀하셨고, 히브리서 10장 24절, 25절에 "서로 돌아보아 사랑과 선행을 격려하며 모이기를 폐하는 어떤 사람들의 습관과 같이 하지 말고 오직 권하여 그 날이 가까움을 볼수록 더욱 그리하자"라고 말씀하셨습니다.

아무리 믿음이 좋고 은사가 많은 사람이라 할지라도 홀로 모든 일을 다 감당할 수는 없습니다. 따라서 함께 교제하며 서로를 위해 봉사해야 합니다.

　물론 초대 교회도 이방인과 유대인 신자 사이에 할례 문제로 인한 충돌과 논쟁이 있었습니다(행 15:1-3). 그러나 어떤 크고 작은 문제들이 있을지라도 그리스도의 교회의 본질적 사명은 바로 복음 전파와 성도의 교제에 있다는 것을 기억해야 합니다.

　그러므로 교회나 사역이 다르다는 이유로 서로를 비판해서는 안됩니다. 왜냐하면 교회나 성도마다 받은 은사나 달란트가 각각 다르기 때문입니다. 모든 교회는 복음 전파를 위해 서로를 돌아보며 서로 다른 모습도 수용할 줄 알아야 합니다.

『365 경건 메시지1』

하나님이 세우시는 교회

✸✸ 구브로와 구레네 몇 사람이 안디옥에 이르러 헬라인에게도 말하여 주 예수를 전파하니 주의 손이 그들과 함께 하시매 수많은 사람들이 믿고 주께 돌아오더라 (행 11:20,21)

안디옥 교회는 교회 역사상 가장 모범적인 교회로 기억되고 있습니다. 안디옥 교회는 최초로 선교사를 파송한 교회요, 세계 복음화의 비전을 품고 이를 수행해 나간 교회였습니다. 당시 안디옥은 시리아의 수도였고, 로마와 알렉산드리아 다음 가는 세계적인 상업 도시로 인구 80만이 살던 도시였습니다. 안디옥은 '동방의 여왕'이라고 불릴 만큼 아름다운 도시였고, 거기에 세워진 안디옥 교회는 복음의 능력을 통해 로마제국을 복음화할 수 있었습니다. 또한 안디옥 교회는 이방인들에게 복음이 전파되는 과정에서 세워졌습니다.

사도행전 11장 20절에 보면, "구브로와 구레네 몇 사람이 안디옥에 이르러 헬라인에게도 말하여 주 예수를 전파하니"라고 기록되어 있습니다. 스데반의 순교로 인해 그리스도인들에 대한 핍박이 심해지면서 성도들은 예루살렘에서 여러 곳으로 흩어졌고, 그 동안 오직 유대인들에게만 전파되던 복음이 지중해 연안을 따라 베니게와 구브로, 안디옥에 이르게 되면서 이방인에게까지 전해지기 시작한 것입니다.

사도행전 11장 20, 21절은 "주 예수를 전파하니 주의 손이 그들과 함께 하시매 수많은 사람들이 믿고 주께 돌아오더라"고 말씀하고 있습니다.

교회는 오직 하나님의 계획과 능력으로 세워지는 것입니다. 참된 교회는 예수 그리스도의 복음이 선포되고, 많은 사람들이 주님께로 돌아올 때 세워지는 것입니다. 주님은 친히 "내가 내 교회를 세우리니"(마 16:18)라고 말씀하셨습니다.

지상 교회의 존재 목적은 예수 그리스도의 복음을 세상 모든 사람들에게 전파하는 데 있습니다. 우리는 예수님께서 교회의 주인되심을 알아야 하며, 모든 사람들에게 복음이 전파되도록 힘써야 합니다.

「365 경건 메시지1」

교회는 군대를 만들어 내야 한다

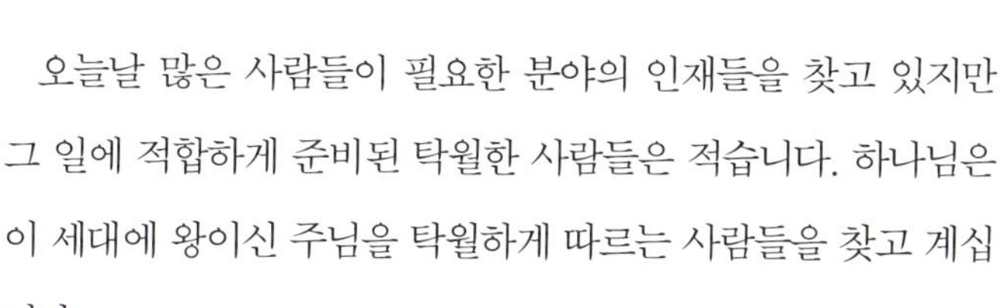

※ 그에게서 온 몸이 각 마디를 통하여 도움을 받음으로 연결되고 결합되어 각 지체의 분량대로 역사하여 그 몸을 자라게 하며 사랑 안에서 스스로 세우느니라 (엡 4:16)

오늘날 많은 사람들이 필요한 분야의 인재들을 찾고 있지만 그 일에 적합하게 준비된 탁월한 사람들은 적습니다. 하나님은 이 세대에 왕이신 주님을 탁월하게 따르는 사람들을 찾고 계십니다.

네비게이토 선교회의 창시자 도슨 트로트맨도 "문제는 얼마나 많은 사람인가가 아니라 어떤 종류의 사람인가에 달려 있다. 나는 죽어 있고 생산 능력이 없고 성장하지 못한 수백 명의 사람보다는 단 하나의 살아있는 이삭, 즉 재생산할 수 있는 한 사람을 찾겠다"라고 말했습니다.

"누가 나를 위해 갈꼬?"라고 말씀하실 때 "내가 여기 있나이다"라고 대답하며 담대히 일어날 사람을 주님은 찾고 계십니다.

그래서 필요한 것은 교회가 직장 사역을 통해 일터를 변화시킬 인재를 만들어내는 것입니다. 인재는 목재와 같습니다. 나무는 물을 주고, 적절히 잘라주고, 사랑으로 키울 때 쓸 만한 재목이 됩니다.

로버트 머레이 맥체인은 "하나님께 쓰임 받는 일꾼들은 하나님의 손에 붙들린 무서운 무기들"이라고 말했습니다. 크리스천이 하나님의 손에 붙들린 무서운 무기가 되기 위해서는 교회가 지속적인 투자와 훈련을 시켜야 합니다. 좋은 인재들을 양성하기 위해 과감하게 장학 혜택을 주고, 비전을 심어주며, 정보를 제공하면서, 그 분야의 멘토들을 만날 수 있도록 가교 역할을 감당하고, 지원을 아끼지 말아야 합니다.

교회는 군중을 만들어낼 것이 아니라 군대를 만들어 내야 합니다. 그러나 우리 교회의 인재 양성과 관리 시스템은 어떠합니까? 과연 철 병거를 가지고 세상에 나가서 싸울 수 있도록 준비시키고 있습니까?

세상을 이끌어갈 지도자의 영성과 실력을 키우는 데 교회가 과감하게 투자해야 합니다.

「탁월한 왕따 되기」, 박호근

하나님의 몫과 우리의 몫

※ 여호와께서 만민에게 심판을 행하시오니 여호와여 나의 의와 나의 성실함을 따라 나를 심판하소서 (시 7:8)

거룩에는 '하나님의 몫' 과 '인간의 몫' 이라는 신비로운 혼합이 있습니다. 하나님은 우리 모두가 다 거룩하기를 원하십니다. 그러나 우리의 동참 없이는 그 일을 하지 않으실 것입니다.

우리는 우리 자신을 축복의 장소에 두어야 합니다. 거룩에 대한 조건 충족 없이 거룩이 기적적으로 우리에게 임하기를 기대하거나 하나님이 우리를 도우서서 우연히 임하기를 기대하는 것은 잘못된 것입니다.

푸른 초장으로 가는 길에 대한 안내판은 아주 분명합니다. 거룩하기를 원하면서 기도와 헌신을 등한히 하는 것은 동쪽으로 가기를 원하면서 서쪽을 향해 걷는 것과 같습니다.

오직 믿음으로만 거룩하게 될 수 있다고 말하는 것은 성도들을 잘못 인도하는 것입니다. 이는 신약성경에 나와 있는 의지적인 순종에 대한 수백 구절이 넘는 많은 말씀들을 그저 대수롭지 않게 보아 넘기는 것과 같습니다.

그리고 승리의 삶은 '소명의 제단'에서만 찾을 수 있다고 가르치는 것도 성도들을 잘못 인도하는 것입니다. 물론 사람이 그 자신을 그리스도께 재 헌신할 수 있습니다. 그러나 자신을 제단에 드리는 것만이 전부는 아닙니다. 사실 일시적으로 제단에 드린 자신의 의지는 지속적인 노력의 뒷받침이 없이는 곧 그 열정이 사라져 버리고 맙니다.

그러므로 우리는 "하나님께 자신을 드려 하나님으로 그 일을 하시게 하자"라든지, "약속을 믿으면 충만을 받는다" 또는 "노력하지 말고 신뢰하라"는 등 아주 그럴 싸한 구호들을 조심해야 합니다.

도날드 캄벨은 "성령은 신자들 안에서 자동적으로 혼자 역사하시지 않고 그 상대의 반응을 기다리신다"고 말했습니다. 하나님은 우리의 노력을 바탕으로 역사하십니다.

「잊혀진 명령 거룩하라」, 윌리암 맥도날드

도전을 받아들인 사람들

※ 그 산지도 네 것이 되리니 비록 삼림이라도 네가 개척하라 그 끝까지 네 것이 되리라 가나안 족속이 비록 철 병거를 가졌고 강할지라도 네가 능히 그를 쫓아내리라 (수 17:18)

어떠한 일에 처참하게, 또 많이 실패했다 하더라도 넘어진 것보다 한 번만 더 일어날 수 있다면 그는 패배자가 아니라 승리자입니다.

남부 다코타 래피드 시티의 벧엘성회 교회에서 목사로 시무하고 있는 마이클 잭슨목사는 성경의 주요 인물들에 대해 설교를 하였습니다.

"모세는 범죄, 신체적 장애, 게다가 성질도 과히 좋은 편이 못되었습니다. 그러나 그는 포기하지 않았습니다. 여호수아는 '뭐, 어차피 약속의 땅에 들어가는 일은 한 번 실패했고, 그 전에도 광야를 떠돌기만 사십 년을 했는데… 때려치우자! 라고 말하지 않았습니다. 다니엘은 기도하면 사자굴에 던져질 것을 알았을 때 '사람들이 전부 나를 괴롭히는데다 이제는 왕까지도 나를 죽이려고 한다. 그들이 원하는 것은 내가 단지 기도하지 않는 거야. 잠깐 동안만 기도하지 말자. 아니면 속으로 해도 괜찮지 않을까? 하고 타협하지 않았습니다. 그는 계속해서 정한 시간에 기도를 했습니다."

언제나 앞에 놓인 도전을 받아들이고 뜻을 성취해 나간 사람들이 바로 하나님의 사람들입니다.

「메뚜기 사고방식 벗어나기」, 윌리엄 미첼

스스로 개척하라

※ 그 날에 모세가 맹세하여 이르되 네가 내 하나님 여호와께 충성하였은 즉 네 발로 밟는 땅은 영원히 너와 네 자손의 기업이 되리라 하였나이다 (수 14:9)

여호수아서를 보면 지파별로 가나안 땅을 나누기 위한 제비뽑기는 다섯 지파에게 땅을 분배한 후에 중단되었습니다.

그 이유 중에 하나는 먼저 성막을 세우고자 했기 때문입니다. 그러나 분배가 중단된 다른 중요한 이유는 먼저 땅을 받은 지파들이 받은 땅에 대해 불만을 표함으로 나머지 지파가 서둘러 땅을 분배 받으려는 마음이 없어졌기 때문입니다.

먼저 땅을 분배받은 다섯 지파는 그곳에 정착하기 위해서 잔여 세력과 싸움을 하는 한편, 다른 일들도 진행해야 했습니다. 땅을 분배 받아도 그렇게 어려움이 많을 바에는 차라리 그동안 익숙해져 있는 유목민 생활을 계속하는 편이 낫겠다는 생각을 한 것입니다.

이런 상황에서 에브라임과 므낫세 지파가 그들은 큰 민족이 되었으므로 할당받은 땅이 너무 작고, 나무가 많은 산지여서 가나안 사람들을 쫓아내기가 힘들다고 불평을 하였습니다. 여호수아는 이런 불평에 대해서 하나님이 축복하셔서 큰 민족이 되었은즉 스스로 개척하라고 이야기합니다. 이들은 현재의 번성에는 감사하면서도 미래에 대한 불확실성 때문에 이 번성이 계속될 것에 대해서는 확신 없는 태도를 취합니다.

그러나 이러한 생각은 진정한 믿음이 아닙니다. 사실 하나님께서 그들에게 땅을 적게 주신 것이 아니라 스스로 개척할 땅을 충분히 주신 것입니다. 가나안 사람들이 아무리 강할지라도 그들이 노력하고 싸우기만 한다면 그들은 필요한 충분한 땅을 차지할 수 있었습니다. 그러나 그들은 싸우지 않고 일하지 않고 안락하고 풍요로운 땅을 차지할 수 있기를 원했던 것입니다. 이에 대해 하나님께서는 여호수아를 통해서 "스스로 개척하라"는 말씀을 주신 것입니다.

하나님께서는 우리에게 가장 적당한 몫을 허락하셨습니다. 그 몫 안에는 우리 스스로 개척하고 싸워서 차지해야 할 분야가 있습니다. 바로 이 분야에 투자하고 노력하는 것이 우리의 삶이어야 합니다.

자신들에게 맡겨진 달란트를 가지고 일하지 않고 땅에 묻어
두는 사람들이 더 많은 달란트를 달라고 불평하기 일쑤입니다.
그러나 중요한 것은 '하나님께서 나에게 얼마를 주셨는가'가 아
니라 '받은 은혜를 어떻게 활용해야 하는가' 입니다.

기독교의 축복의 개념은 양에 있지 않습니다. 주어진 환경에
서 최선을 다하는 것이 미래로 이어지는 축복의 약속입니다.

「일년 일독 매일 묵상」, 주경로

하나님의 뜻은 무엇인가

❋ 너희는 이 세대를 본받지 말고 오직 마음을 새롭게 함으로 변화를 받아 하나님의 선하시고 기뻐하시고 온전하신 뜻이 무엇인지 분별하도록 하라 (롬 12:2)

많은 사람들이 하나님의 뜻을 알고 행하고자 할 때 이런 질문을 합니다. "내 인생을 향한 하나님의 뜻은 과연 무엇인가?" 아마도 그들은 무의식적으로 자기 자신과 자신의 인생 그리고 그들이 무엇을 행할 것인가에 초점을 맞추고 있을 것입니다.

저의 신학교 교수이시던 게인스 도빈스 박사님은 "잘못된 질문을 하면 잘못된 답을 얻는다"라고 말씀하시곤 했습니다. 항상 틀린 답만 나올 때 우리는 뭐가 잘못된 것인지 알지 못합니다. 우선 답을 찾기 전에 과연 내가 올바른 질문을 하고 있는지를 점검해보아야 합니다.

"내 인생을 향한 하나님의 뜻이 무엇인가?"라는 질문보다는 단순히 "하나님의 뜻은 무엇인가?"라고 묻는 것이 올바른 질문입니다.

하나님의 뜻을 일단 파악하면 나는 내 인생을 하나님께 맞출 수 있습니다. 초점은 내 인생이 아니라 하나님과 그분의 목적에 맞추어져야 합니다.

그렇다고 하나님이 당신의 인생을 향한 뜻을 가지고 계시지 않다는 것을 의미하는 것은 아닙니다. 하나님은 당신의 인생에 목적과 계획을 가지고 계십니다. 그러나 당신의 인생을 향한 하나님의 계획은 하나님이 이 세상에서 하고 계신 일에 근거합니다.

하나님은 하나님이 하고 계신 일에 당신이 동참하기를 열망하십니다. 하나님이 무엇을 하고 계신지를 알면 하나님이 당신을 통해 하시고자 하는 일이 무엇인지 알게 됩니다.

이제 우리의 부르심의 뜻을 찾는 우리의 기도도 방향을 잘 잡아야 합니다. 헛된 질문에 인생을 낭비하지 마십시오. 오직 주님이 일하시는 쪽의 방향을 찾는 데 온전한 열정을 쏟길 바랍니다.

「하나님을 경험하는 삶」, 헨리 블랙가비

500원짜리 동전 하나

*너는 여호와를 기다릴지어다 강하고 담대하며 여호와를 기다릴지어다 (시 27:14)

한 어린이가 설날에 세배하러 가다가 길에서 500원짜리 동전 하나를 주웠습니다. 그 아이는 새해 첫날에 생긴 대단한 행운이라 여겼고 이런 행운이 계속 되기를 바랐습니다.

그래서 그 날부터 혹시 또 돈이 떨어져 있지 않나 하는 마음에 길을 걸을 때마다 땅바닥만 바라보고 다녔습니다. 학교에 가서도 복도나 운동장에 혹시 동전이 떨어져 있지나 않나 하는 데만 정신이 쏠렸습니다.

그러다가 그것이 버릇이 되어 죽는 날까지 땅바닥만 내려다보며 걸어 다녔습니다. 그 덕에 그는 500원짜리 동전을 수천 개나 주웠습니다. 임자 없는 100원짜리는 헤아릴 수 없이 많았습니다.

하지만 그는 비가 갠 뒤에 하늘을 아름답게 수놓는 무지개나 장엄한 저녁노을을 단 한 번도 쳐다보지 못했습니다. 이 밖에도 그는 많은 것을 놓치고 말았습니다. 새들의 즐거운 노래 소리도,

붉게 타오르는 단풍도, 거리에서 스쳐 지나가는 소녀들의 활짝
핀 웃음도 보지 못했던 것입니다.

우리는 자칫 인생의 목표를 잘못 설정하곤 합니다. 그리하여
허망하게 인생을 끝내버리곤 합니다. 우리는 또 자칫하면 판에
박힌 일에 얽매여 삶의 근본을 잃어버리기가 쉽습니다.

그래서 도약과 발전과 탈바꿈을 위한 모처럼의 기회마저 놓치
고 맙니다. 그런가 하면 또 엉뚱하게 착각한 나머지 인생의 중요
한 것들이나 값진 것들이 무엇인지를 모르는 채 세월을 헛되이
흘려보내기도 합니다.

「나의 이솝 우화」, 홍사중

둘 중 하나를 버리는 것

** 너희가 섬길 자를 오늘 택하라 오직 나와 내 집은 여호와를 섬기겠노라 (수 24:15)

어느 부부가 백화점 세일 기간에 쇼핑을 나섰습니다.

아내는 여기저기 의류 매장을 돌더니 마음에 드는 옷 두 벌을 골랐습니다. "이제 봄인데 밝은 꽃무늬가 어때요, 여보" 하고 묻고는 "아니야, 근데 이건 너무 튀어"라면서 다른 손에 들고 있던 검정 정장을 남편에게 보이는 것이었습니다.

남편이 아내에게 "검은 색이 나은 것 같은데"라고 답하자 아내는 꽃무늬 정장을 미련어린 눈길로 바라보면서 이건 어쩌지 하며 망설이는 것이었습니다. 여러 옷을 반복하며 거울에 비춰보면서 결정을 못하고 있었습니다.

그것을 보다 못한 남편이 지친 표정을 짓자 아내는 건성으로 대답한다느니, 관심이 없다느니 하면서 결국은 "아유, 다음에 나 혼자 와서 살래요" 하며 그 자리를 떠나버렸습니다.

아내는 계획한 돈의 범위에서 옷을 사야 했기 때문에 여러 가지를 다 따져서 가장 최고의 선택을 하고 싶었던 것입니다. 하지만 그렇게 망설이는 동안 백화점 세일기간은 다 지나가버리고 말았습니다. 큰 일이건 작은 일이건 선택은 언제나 어렵습니다.

인생은 선택입니다. 어떤 음식을 먹을까에서부터 어느 진로를 택할 것인가, 어떤 배우자를 만날 것인가에 이르기까지 크고 작은 끝없는 선택을 요구하고 있습니다.

사실 선택이라고 하는 것은 둘 중 하나를 택하는 것이 아니라 둘 중 하나를 버리는 것입니다. 누구에게든지 가지 못한 길에 대해서는 미련이 남지만 이도 저도 선택하지 못해 망설였다가 다 놓쳐버리는 경우도 허다합니다.

가장 훌륭한 사람은 모든 것을 버리고 그 중에 하나만을 선택한다는 말이 있습니다. 우리는 지금 무엇을 선택하고 있습니까? 모든 것을 두 손에 꼭 쥐고 망설이고 있지는 않습니까? 때로는 버릴 줄 아는 과감함이 필요합니다.

여호수아는 "오직 나와 내 집은 여호와를 섬기겠노라"(수 24:15)고 공포합니다.

오늘 하루의 나의 선택이 최선이기를 기도합시다. 탁월한 선택, 후회없는 선택이 되도록 오늘도 주님을 선택합시다. 그러기 위해서는 내 것을 버려야 합니다. 나를 위한 것들을 완전히 버릴 때 저주가 바뀌어 복이 되고 사망이 바뀌어 생명이 됩니다.

믿음의 선진들의 선택을 본받아 오늘 내게 요구되고 있는 믿음의 삶을 살아갑시다. 그 복된 선택의 대열에 합류합시다.

「매일 큐티」

사랑하시기 때문에 주신 선택권

※ 마리아는 이 좋은 편을 택하였으니 빼앗기지 아니하리라 (눅 10:42)

해롤드 브라운은 지옥을 "인간의 선택의 자유가 가져다준 감수할 수밖에 없는 기념품"이라고 일컬은 바 있습니다. 지옥은 하나님의 진노로 말미암은 결과가 아닙니다. 그것은 인간의 선택 때문에 실존하게 된 것입니다.

루이스는 두 종류의 사람들이 있다고 했습니다. 첫번째 종류의 집단은 하나님을 향하여 "당신의 뜻대로 하옵소서"라고 말하는 사람들입니다. 하지만 두번째 종류의 사람들은 하나님을 거절한 사람들입니다. 이번에는 하나님께서 그들을 향하여 "너희들의 뜻대로 되리라"고 선언하십니다.

런던에 있는 성 바울 성당에 가면 홀만 헌트가 그린 '세상의 빛'이란 매우 감동적이고 매력적인 그림이 벽에 걸려 있습니다. 그것은 예수님께서 손에 등불을 켜들고 문밖에 서서 두드리고 계신 그림입니다. 한번은 어떤 사람이 그 화가에게 예수님께서 문빗장을 여시는 모습으로 그리도록 당부한 적이 있습니다. 하지만 그 화가는 "문고리가 안쪽에 있습니다"라고 대답했습니다.

하나님은 인간을 아무 의지도 없는 꼭두각시로 만드시지 않으셨습니다. 하나님은 당신의 형상을 가진 유일한 존재인 인간과 인간의 자발적 의지에서 우러나온 인격대 인격의 교제를 나누기 원하십니다. 또 한편 그는 우리를 사랑하시고 존중하시기 때문에 우리들에게 그와 동행하든지 아니면 멀리하든지를 선택할 수 있도록 자율권을 부여하셨습니다.

그러므로 그 선택에 대한 책임은 처음부터 끝까지 우리의 몫입니다.

「지옥」, 해롤드 브라이슨

실패의 의미

※ 그러므로 형제들아 더욱 힘써 너희 부르심과 택하심을 굳게 하라 너희가 이것을 행한즉 언제든지 실족하지 아니하리라 (벧후 1:10)

어떠한 형태의 고난이든지, 비록 나에게 고통스러울지라도 하나님이 허락하신 것이라 생각하고 불평하지 말고 받아들여야 합니다.

이런 글이 있습니다.

"실패는 당신이 실패자임을 의미하지 않습니다. 다만 당신이 아직 성공하지 못했음을 의미할 뿐입니다.

실패는 아무것도 성취하지 못했다는 것을 의미하지 않습니다. 다만 당신이 무엇인가를 새롭게 배웠음을 의미할 뿐입니다.

실패는 당신의 위신이 손상된 것을 의미하지 않습니다. 다만 당신이 무엇인가를 용감히 시도했음을 의미할 뿐입니다.

실패는 당신이 틀렸다는 것을 의미하지 않습니다. 다만 당신이 다른 방법으로 해야 할 것을 의미할 뿐입니다.

　실패는 당신이 열등하다는 것을 의미하지 않습니다. 다만 당신이 완전한 존재가 아님을 의미할 뿐입니다.

　실패는 당신이 인생을 낭비했다는 것을 의미하지 않습니다. 다만 당신이 다시 출발해야 할 좋은 이유를 갖고 있음을 의미할 뿐입니다.

　실패는 당신이 포기해야 된다는 것을 의미하지 않습니다. 다만 당신이 더 열심히 해야 한다는 것을 의미할 뿐입니다.

　실패는 당신이 결코 해낼 수 없음을 의미하지 않습니다. 다만 당신이 더 오래 걸릴 것임을 의미할 뿐입니다.

　실패는 하나님이 당신을 버리셨다는 것을 의미하지 않습니다. 다만 하나님께서 더 좋은 계획을 가지고 당신의 기도를 기다리고 계신다는 것을 의미할 뿐입니다."

『나의 나 된 것은』, 안종대

실패가 성공으로

※ 그의 마음에는 하나님의 법이 있으니 그의 걸음은 실족함이 없으리로다 (시 37:31)

한 젊은이가 큰 뜻을 품고서 복숭아 과수원을 매입했습니다. 처음에는 모든 것이 다 잘 되어가는 듯했으므로 청년은 자신감을 가졌습니다. 그런데 그만 뜻하지 않은 일이 발생했는데 나무마다 탐스러운 복숭아가 주렁주렁 열리기 시작할 무렵 된서리가 내리고 만 것입니다. 그 모든 수고와 정성이 한 순간에 수포로 돌아가 버리고 말았습니다.

낙심한 청년은 주일에 교회에 가지 않았습니다. 그 다음 주에도, 또 그 다음 주에도 그는 교회에 가지 않았습니다.

기다리다 못한 목사님이 마침내 청년에게 찾아와 그 이유를 물었습니다. 그러자 젊은이는 시무룩해서 이렇게 대답했습니다.

"저는 앞으로도 계속 교회에 나가지 않겠습니다. 애써 키운 복숭아들을 서리를 내려 다 죽게 할 정도로 가혹하신 하나님을 어떻게 믿겠습니까?"

목사님은 아무 말 없이 청년을 바라보았습니다. 그리고 조용히 "하나님은 자네 복숭아들보다 자네를 더 사랑하시네. 물론 그분은 서리가 내리지 않아야 복숭아들이 잘 자란다는 것을 알고 계시지. 하지만 서리 없이는 인간이 훌륭하게 성장할 수 없다는 것 또한 알고 계신다네. 그분의 관심은 사람을 키우는데 있지 복숭아를 키우는데 있는 것이 아니거든" 하고 말했습니다.

우리는 베드로를 비롯한 제자들이 예수님의 고난과 십자가를 피해 도망쳐 옛날의 직업으로 돌아갔다가 부활하신 예수님을 만난 이야기를 알고 있습니다. 여기 등장하는 제자들의 모습은 인생의 실패를 거듭하는 우리의 모습과도 같습니다.

첫째로 아무것도 잡지 못한 제자(요 21:3)들은 우리 주변에서 얼마든지 발견할 수 있는 모습이기도 합니다. 노력하고 공은 들이나 아무 수확을 못 거두는 것이 인생의 현실입니다. 자신의 사명을 잊고 엉뚱한 길로 나가는 인생에게는 열매가 없습니다.

둘째로 주님의 방법은 무엇입니까? 먼저 제자들의 상황을 물으셨습니다. "너희에게 고기가 있느냐?" 정확한 진단 없이 의사들은 수술하거나 처방할 수 없습니다. 그처럼 인간의 한계, 부족함, 모자람을 먼저 파악하는 것은 중요합니다. 그 후에 "그물을 배 오른편에 던지라(요 21:6)"며 구체적으로 지시하셨습니다.

많은 이들이 기도는 추상적이며 현실과 동떨어진 것으로 생각합니다. 그러나 기도만큼 정확한 것은 없습니다. 주님은 지금도 기도로 우리의 길을 정확하게 인도하십니다.

셋째로 주님의 말씀에 순종한 결과는 무엇입니까? 고기가 너무 많아 그물을 들 수 없을만큼의 성공입니다. 날이 새도록 한 마리도 잡지 못한 제자들이 예수님 말씀에 순종하였더니 넘치도록 넉넉한 성공을 거뒀습니다. 실패에서 성공한 인생으로 변했습니다.

그 비결은 너무도 간단하지 않습니까? 실패가 성공으로 바뀌는 비결은 바로 말씀에 대한 순종입니다.

인생에서 실패를 거듭하고 있다고 느끼십니까? 하나님께서는 실패를 거듭하는 당신을 지켜 보고 계십니다. 그리고 하나님은 당신의 실패를 통해 인생을 변화시키기를 원하십니다.

좋은 습관의 생활화

예수께서 나가사 습관을 따라 감람 산에 가시매 제자들도 따라갔더니 그 곳에 이르러 그들에게 이르시되 유혹에 빠지지 않게 기도하라 하시고 … 무릎을 꿇고 기도하여 (눅 22:39-41)

우리 인품은 타고 나는 면도 없지는 않지만 사소한 습관이 모여 한 개인의 인품을 만드는 경우가 더 많습니다.

인사하는 습관, 옷 입는 습관, 책 읽는 습관, 돈 쓰는 습관, 상대의 이야기를 진지하게 듣는 습관, 상대의 입장을 배려할 줄 아는 습관, 아이들이나 어려움에 처한 사람을 보면 감싸고 도와주는 습관, 사물의 이면을 관찰하는 습관 등 헤아릴 수 없이 많은 습관들이 모여서 한 사람의 인품을 만들게 되는 것입니다.

성공하는 사람은 훌륭한 습관을 지니고 있습니다. 바꿔 말하면 훌륭한 습관을 지니고 있었기 때문에 성공할 수 있었던 것입니다.

"세살 버릇 여든까지 간다"라는 속담이 있습니다. 이 속담은

옳은 말이긴 하지만 다 맞는 말은 아닙니다. 나쁜 습관은 고치기 힘들어서 그렇지 고치지 못하는 것은 아닙니다. 잘못된 습관은 노력하면 고칠 수 있습니다.

도산 안창호 선생도 "천병만마(千兵萬馬)를 쳐 이기기는 오히려 쉬우나 내 습관을 이기기는 어려운 일이니, 우리는 이 일에 일생 동안 노력해야 한다"라고 했습니다.

지금 여러분이 앉아 있는 자세는 어떻습니까? 구부정하게 앉아 있다면 허리를 반듯하게 펴십시오. 자세가 방만하면 머릿속이 산만해져서 글이나 말이 마음에 들어오지 않습니다. 길을 갈 때 여러분은 어떻게 걸으십니까? 주머니에다 손을 넣고 걷지는 않나, 팔자걸음으로 걷지는 않나, 함께 걷는 동료보다 너무 빠르거나 느리게 걷지는 않나 돌아보십시오. 대화할 때 당신은 어떻게 하십니까? 상대방의 이야기를 들으려 하기보다 혼자 이야기하는 스타일은 아닌가요? 수시로 걸려 오는 휴대폰 때문에 상대방의 말허리를 너무 자주 자르고 있지는 않나요? 비슷한 이야기를 수없이 반복하고 있지는 않은가 돌아보십시오.

우리 믿음 생활도 마찬가지로 습관이 좌우합니다. 누가복음 22장 39절 말씀을 보면 예수님도 좋은 습관이 있으셨습니다. 그것은 기도하는 습관이었습니다. 예수님과 제자들이 다락방에서 마지막 만찬을 한 후에 감람산으로 올라가실 때 '습관을 좇아' 가셨습니다. 그리고 그곳에서 기도하셨습니다. 성경은 자주 예수님이 새벽 미명에 감람산에 가셨다고 증언합니다. 예수님은 이전에도 습관적으로 그 곳에 올라가 하나님과 대화를 나누셨던 것입니다.

누가복음 22장 39절-54절 말씀은 예수님이 잡히시던 날 밤에 있었던 이야기입니다. 그는 인생의 최대 위기에 부딪혔을 때 우왕좌왕하지 않으셨습니다. 습관에 따라 감람산에 올라가 땀이 피가 될 때까지 기도하셨습니다. 그리고 자신의 뜻을 버리고 하나님의 뜻을 따라서 하나님의 어린 양의 길을 두려움 없이 가셨습니다.

좋은 습관을 생활화하시기 바랍니다.

「삶을 격려하는 예화들」, 양익모

영적 고착상태

※ 너희는 유혹의 욕심을 따라 썩어져 가는 구습을 따르는 옛사람을 벗어 버리고 오직 너희의 심령이 새롭게 되어 하나님을 따라 의와 진리의 거룩함으로 지으심을 받은 새 사람을 입으라 (엡 4:22-24)

심리학 용어 가운데 '고착상태(fixation)' 란 말이 있습니다. 과거의 유치한 습관, 부정적인 습관을 계속 유지함으로 안정감을 느끼는 현상을 말합니다.

담배가 인체에 해로운 것임을 알고 "끊어야겠다, 끊어야겠다" 라고 마음먹지만 좀처럼 끊지 못하는 것입니다. 그러다가 새해를 맞으면서 다시금 결단하고 담배를 멀리합니다. 계속 멀리해야 하는데 결단력이 부족하다보니 담배를 다시 피우게 되고 '고착상태' 에 빠져듭니다.

이런 현상은 담배뿐만이 아닙니다. 술도 그렇고, 도박도 그렇습니다. 어린아이들이 신체의 특정 부위를 계속 만진다든지, 먹을 것을 주면 삼키거나 뱉어내지 않고 입 안 가득히 물고 있다든지, 발을 덜덜 떤다든지, 또는 손가락을 빤다든지 하는 행위는 모두 이런 현상에 속합니다.

이런 고착 상태는 어떤 계기가 주어져 자신의 유치하고 부정적인 습관에 대하여 자각하고, 고치려 결단하고, 노력함으로 고치기도 합니다. 그러나 그렇게 못하고 다시금 옛 습관으로 돌아가 버리는 더 깊은 고착상태에 빠져들기도 합니다.

그리스도인들이 경계해야 할 것은 '영적 고착상태' 입니다. 신앙이 진전되지 못한 채 유치하고 부정적인 습관에 얽매여 있고, 주님께 나와 있기는 하지만 여전히 옛 사람의 옷을 벗어 버리지 못한 영적 고착상태라면 참으로 불행한 일입니다.

병아리는 한 번 알을 깨뜨리고 나오면 다시는 껍질 속으로 들어가지 않습니다. 주 안에 있는 자들은 새로운 피조물입니다. 옛 습관, 옛 사람으로 다시 돌아가 버리는 영적 고착상태에 빠져들지 않도록 조심하여 신앙의 진전을 이루어야 할 것입니다.

『희망 업그레이드』, 서순석

투우장에서의 시저와 그리스도

※ 이것을 너희에게 이르는 것은 너희로 내 안에서 평안을 누리게 하려 함이라 세상에서는 너희가 환난을 당하나 담대하라 내가 세상을 이기 었노라 (요 16:33)

초기의 2세기 동안 "시저가 주님이다"라는 고백을 받아 내기 위하여 온갖 고문이 자행되었지만 헛수고였습니다. 온갖 박해 방법이 다 동원되었지만 아무도 변절하지 않았습니다. 그들은 기꺼이 감옥에, 광산에, 유배지에 끌려갔습니다. 죽음을 피하려 고 하기는커녕 죽음을 달게 받기를 원했습니다.

로마에서 맹수에게 먹히도록 선고받자 순교자 저스틴은 친구 들과 원수들에게 말리지 말라고 간청하였습니다. 터툴리안은 기독교인들이 사형선고를 받을 때면 오히려 감사를 드렸다고 합니다. 어떤 기독교인들이 죽여달라고 조르니까 지방총독 안 토니누스(Antoninus)가 화가 치밀고 혐오감이 일어 "불쌍한 인 간들! 불행한 놈들! 그토록 살기가 싫거든 밧줄에 목을 매든지 낭떠러지에 떨어져 버려라"「Edward Gibbon, The Triumph of Christendom in the Roman Empire (New York : Harper and Brothers, 1958, p112.」고 소리쳤다고 합니다.

박해는 기독교를 멸망시킨 것이 아니라 오히려 더 강화시킨 결과를 낳았습니다. 순교자들의 피는 교회의 씨앗이 되었습니다. 한 사람이 순교할 때마다 수많은 사람들이 이방신을 버리고 기독교로 귀의하였습니다.

몇몇 기독교인들이 보여준 광경만큼 놀라운 사건들은 인간 역사상 없었습니다. 이들은 연이은 황제들에게 조소와 핍박을 받았고 많은 시련을 불굴의 집념으로 참아내며 조용히 성장해갔습니다. 또한 그들의 대적이 혼란을 일으킬 때 질서를 지키며 칼에는 말씀으로 대항하고 잔인한 사람들에게는 희망을 가지고 대했습니다.

결국에는 역사상 가장 강성했던 나라를 무너뜨리고 말았습니다. 시저와 그리스도가 투우장에서 만나 그리스도가 승리를 거둔 것입니다.「Will Durant, Caesar and Christ (New York : Simon and Schuster, 1944, p652.」

「세계 선교 역사」, 하버트케인

함께 살아가기

※ 이웃을 업신여기는 자는 죄를 범하는 자요 빈곤한 자를 불쌍히 여기는 자는 복이 있는 자니라 (잠 14:21)

자기 자신이나 다른 사람에게 고칠 수 없는 것이 있으면 하나님께서 그것을 바로 잡으실 때까지 끈기 있게 참아야 합니다. 그렇게 하는 것이 그대가 받아야 할 시험과 인내에 정말 유익할 것이라고 생각하십시오. 어떠한 곤경을 당하여도 하나님께서 도와 주셔서 거뜬히 견디어 낼 수 있게 해 달라고 기도하십시오.

어떤 사람이 한두 번 훈계를 받고도 말을 듣지 않는다고 해서, 그 사람과 언쟁을 벌이면 안됩니다. 모든 사정을 하나님께 말씀드려 하나님의 뜻이 이루어지고 주의 이름이 모든 종들의 입에서 찬양되도록 해야 합니다. 이는 하나님만이 악을 선으로 바꾸실 수 있기 때문입니다.

다른 사람의 결점과 약점이 어떤 것이든 그것을 참도록 노력하십시오. 그대도 역시 결점을 지니고 있으며 다른 사람이 그런 결점을 참아야 하기 때문입니다. 그대 자신조차 그대 뜻대로 고치지 못하면서 어찌 남이 그대의 뜻대로 되기를 바랄 수 있겠습니까?

우리는 다른 사람의 방자한 행위를 불쾌히 여깁니다. 또 한편으로 우리는 자신의 욕구 불만을 용납하지 않으려 합니다. 우리는 다른 사람을 엄격한 법으로 다스리고자 하면서 자기 자신을 절대로 그런 법에 구속당하지 않으려 합니다.

이로써 확실해진 것은 우리 인간이 자기와 똑같은 수준에서 이웃을 대하는 데에 얼마나 인색한가 하는 것입니다. 사람이 모두 완전무결하다면 우리가 하나님을 대신해서 이웃 때문에 괴로워해야 할 까닭이 어디 있겠습니까?

하나님께서는 우리에게 다른 사람의 짐을 지는 법을 배우라고 명령하십니다. 이것은 결점 없는 사람이 없고, 자기 자신의 짐이 없는 사람이 없으며, 자기 자신에 대하여 만족하는 사람도 없으며, 스스로 만족할 만큼 지혜로운 사람도 없기 때문입니다.

그러니 우리는 서로 참고, 서로 위로하고, 서로 도와주고, 서로 가르쳐 주고, 서로 훈계해야 합니다.

「그리스도를 본받아」, 토마스 아 켐피스

이웃을 섬겨라

** 새 계명을 너희에게 주노니 서로 사랑하라 내가 너희를 사랑한 것 같이 너희도 서로 사랑하라 (요 13:34)

남아프리카에서 사역하는 어느 선교사가 들려 준 이야기 중 아주 인상 깊게 들은 이야기가 있습니다.

선교사는 우연히 코브라와 검은 엄마 뱀이 싸우는 광경을 목격하게 되었습니다. 코브라가 독이 담긴 이빨로 물자 엄마 뱀은 금방 축 늘어지면서 죽고 말았습니다. 코브라는 죽은 엄마 뱀을 서서히 삼키기 시작하였습니다. 그런데 문제는 엄마 뱀 안에 있던 독은 코브라 자신의 독이었습니다. 엄마 뱀을 반쯤 삼켰을 때 그 안에 있던 독이 효력을 발생했고, 결국 코브라 역시 몇 번 심한 경련을 일으킨 후 죽고 말았다는 이야기입니다.

이웃을 죽이는 독이 결국 자신을 죽인다는 사실을 우리는 알아야 합니다. 이웃을 세워 주는 아름다운 마음은 오히려 자신을 굳게 세워 주는 힘입니다. 오늘 우리의 생활이 경쟁 관계에 있고 이웃을 이겨야 살 수 있다 할지라도 주님은 우리가 이웃을 섬기는 겸손한 자들이 되기를 원하십니다.

당신은 이웃을 어떤 마음으로 만나고 있습니까? 경쟁 상대이며 넘어뜨려야 할 적입니까? 아니면 함께 손을 잡고 협력하여 나아가야 할 동료입니까?

이웃에게 기쁨을 주는 사람이 됩시다. 주님도 자신의 기쁨이 아니라 이웃의 기쁨을 위해 이 세상을 사셨습니다.

「지저스 투데이 시편으로 여는 묵상」

예수님처럼 사랑하고 인내하라

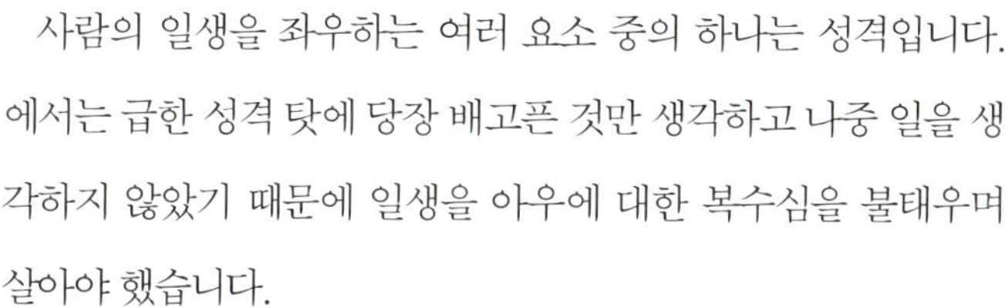

나는 마음이 온유하고 겸손하니 나의 멍에를 메고 내게 배우라 그리하면 너희 마음이 쉼을 얻으리니 (마 11:29)

사람의 일생을 좌우하는 여러 요소 중의 하나는 성격입니다. 에서는 급한 성격 탓에 당장 배고픈 것만 생각하고 나중 일을 생각하지 않았기 때문에 일생을 아우에 대한 복수심을 불태우며 살아야 했습니다.

성격은 태어날 때 지니고 나옵니다. 야곱과 에서는 어미의 태 속에서부터 서로 싸웠습니다(창 25:22). 아이들이 장차 좋은 일을 할지 나쁜 일을 할지는 지금 하는 행실을 보아 알 수 있습니다(잠 20:11). 우리 속담에도 "될 성 싶은 나무는 떡잎부터 알아본다"는 말이 있습니다.

그러나 성격은 변합니다. 성격은 타고 나는 것이 분명하지만 영원히 그대로 있는 것이 아니라 변합니다. 나의 성격이 어떤가 살피고 예수님의 성품을 본받아야 할 것입니다.

우선 예수님은 동정심이 많으셨던 분이십니다. 성경은 예수님을 "불쌍히 여기시는 분"(마 9:36 ; 14:14 ; 막 1:41 ; 6:34)이라고 표현하고 있습니다. 사천 명을 먹이시고 오천 명을 먹이신 것은 바로 동정심 때문이었습니다.

예수님의 동정심은 병자나 귀신들린 자들을 고치실 때 더 분명히 나타났습니다. 병자들을 고치실 때 민망히 여기셨다는 말이 성경 곳곳에 나타납니다.

예수님은 인내심이 있었습니다. 그분은 이미 열두 살 되던 해 자신이 메시아임을 아셨지만 십팔 년을 참고 견뎠습니다.

예수님의 인내심은 수난사건에서 극치를 이룹니다. 대적자들의 모욕과 조롱 속에서도 그분은 어린 양과 같이 잠잠하였습니다. 손바닥으로 뺨을 때려도 옷을 벗기고 침을 뱉어도 그분은 그저 그렇게 당하셨습니다.

예수님은 복종하신 분이셨습니다. 또한 예수님의 참 아버지는 하나님이셨지만 지상의 부모에게도 복종하셨습니다. 아버지의 목수 일을 배워 생계를 꾸려나가는 모습에서 겸손한 복종심을 볼 수 있습니다.

그분의 복종심의 극치는 겟세마네 동산에서의 처절한 기도에서 나타납니다. 철저한 인간의 무력함이 철저한 하나님께 대한 복종심으로 극복되는 순간이었습니다.

크리스천이란 '그리스도와 같은' 이란 뜻입니다. 즉 그리스도처럼 행동하고 그리스도를 닮으려는 사람들을 말합니다.

그런데 과연 그리스도의 무엇을 닮을 것인가? 다른 무엇보다 그리스도의 성격을 닮아야 하지 않을까요? 그분의 동정심, 인내심, 그리고 복종심을 말입니다.

「또 한 번의 기회」, 박종석

하나님이 쓰시는 사람

※ 그러므로 우리가 낙심하지 아니하노니 우리의 겉사람은 낡아지나 우리의 속사람은 날로 새로워지도다 (고후 4:16)

하나님의 사람들이 광야에서 받은 첫번째 수업은 기다리라는 것이었습니다.

모세의 실수는 조급함에 있었습니다. 모세는 하나님보다 앞서 행동했습니다. 40세가 되었을 때 모세는 하나님이 자신을 사용하시리라고 생각했습니다. 그러나 하나님은 모세가 80세가 되었을 때 부르셨습니다. 하나님의 때는 우리의 생각보다 대체로 더디게 옵니다.

오스왈드 챔버스는 "하나님의 그 크신 여유를 한번 생각해 보십시오! 그분은 결코 서두르지 아니 하십니다"라고 말했습니다.

우리는 급하지만 하나님은 급하지 않으십니다. 그러나 하나님의 때는 반드시 찾아옵니다. 그리고 항상 정확합니다.

성경에 나오는 인물 가운데 하나님이 귀히 사용한 사람일수록 많은 시간을 기다리게 하셨다는 것을 기억하십시오. 기다리는 동안 하나님은 그 사람의 인격을 성숙하게 만드셨습니다.

하나님은 우리가 얼마나 많은 일을 하고, 얼마나 큰일을 하느냐보다 우리가 누구인가에 관심이 있으십니다. 그리스도인에게 있어서 "그가 어떤 사람인가" 하는 문제가 "그가 무엇을 할 수 있느냐" 보다 훨씬 중요합니다.

인격이 결여된 하나님의 사역은 아무리 대단해 보일지라도 하나님이 기뻐하지 않으십니다. 인격이 없는 사역은 단지 종교 사업이나 종교 활동에 지나지 않습니다.

그래서 헨리 마틴은 "지상에서의 최대 사업은 내 자신의 영혼을 성화시키는 일임을 내게 가르치소서!' 라고 기도한 것입니다.

『뿌리 깊은 영성』, 강준민

하나님 앞에 나는 누구인가?

** 주께 합당하게 행하여 범사에 기쁘시게 하고 모든 선한 일에 열매를 맺게 하시며 하나님을 아는 것에 자라게 하시고 (골 1:10)

많은 그리스도인의 문제는 자신이 누구인지에 관해 모른다는 사실입니다.

대부분이 "나는 무엇을 하고 있기 때문에 나는 이런 사람일거야"라는 착각 속에서 살아갑니다. 자신의 사회적 위치나 자신이 갖고 있는 재물을 기준으로 나는 괜찮은 사람 또는 보잘 것 없는 사람이라고 스스로 규정한 채 살아가고 있는 것입니다.

그러나 직분이라든지 사회적인 타이틀, 재물 등의 허울을 벗겨낸 후 "내가 누구인가?"를 생각해 보는 것이 중요합니다.

"당신은 누구인가?"라는 질문에 아직도 많은 그리스도인은 자신이 현재 하고 있는 일에 대해 말할지도 모릅니다. 또는 자신의 직업이나 사회적인 타이틀을 말할지도 모르겠습니다. 그러나 근본적인 대답은 "내가 무엇을 하고 있다"는 사실이 아니라 하나님의 시각으로 다시 바라본 "내가 누구인가?"에 대한 것이어야 합니다.

성경은 무엇이 되기 위해서 노력하라고 말하지 않습니다. 도리어 부르심에 합당하게 살라고 요구합니다. 다시 말해서 하나님께서는 우리를 하나님의 가족으로, 하나님의 백성으로 불러 주시고 "거기에 합당하게 살라"고 요구하셨지, "합당하게 살면 내 백성으로 불러주겠다"라고 말씀하지 않으셨습니다.

그러므로 우리가 "무엇을 하는가"보다 "하나님께서 우리를 무엇이라고 불러 주셨는가"가 더 중요한 기준입니다. 그리스도인의 삶은 그에 따른 열매일 뿐입니다.

「잃어버린 자화상의 회복」, 장은일

향기의 진원지

**** 내 이름으로 불려지는 모든 자 곧 내가 내 영광을 위하여 창조한 자를 오게 하라 그를 내가 지었고 그를 내가 만들었느니라 (사 43:7)**

천연기념물 제 216호로 한국·중국·중앙아시아 등지에서 서식하는 사향노루에 관해 이러한 이야기가 내려옵니다.

옛날에 아주 멋진 사향노루가 살았습니다. 그는 어디선가 밀려오는 향긋한 냄새에 마음이 끌렸습니다. 사향노루는 향기의 진원지를 찾아 길을 나섰습니다. 산을 넘고 들을 지나고 물을 건너 끊임없이 향기가 나는 쪽을 향해 걸었습니다.

드디어 그는 이 세상의 경계선에까지 이르렀습니다. 그러나 그의 코끝을 계속 간질이는 향기의 진원지를 알아낼 길이 없었습니다.

하루는 사향노루가 향기를 찾아 높다란 산꼭대기에 올랐습니다. 아주 가까운 곳에서 향기가 풍겨 오고 있었지만, 정확히 어디에서 나는 건지 찾을 수가 없었습니다. 사향노루는 헛수고만

하고 있는 자신의 모습에 절망하여 결국 절벽 꼭대기에서 뛰어내리고 말았습니다. 벼랑 밑바닥에 떨어진 사향노루는 사지가 처참하게 부러졌습니다.

그때였습니다. 그의 온 몸에서 짙은 사향 냄새가 피어오르기 시작했습니다. 사향노루의 배에서 나오는 진한 향기가 골짜기를 가득 메웠습니다. 그러나 불행하게도 사향노루는 그 향기가 어디서 나는지를 끝내 깨닫지 못한 채 눈을 감고 말았습니다.

자신의 몸안에 그윽한 향을 간직하고 있었지만, 그 향기의 원천을 알지 못하고 먼 길을 방황하다 쓰러지고 만 사향노루의 이야기는 오늘 당신의 이야기일 수 있습니다.

당신 안에는 이미 아름다운 향기가 담겨 있습니다. 당신은 예수 그리스도의 생명, 하나님의 사랑을 담고 있는 귀한 존재임을 항상 기억하십시오.

「당신의 인생에 창문이 있습니까?」, 박도훈

위로의 길

고통조차 선용하시는 하나님

※ 하나님이여 주께서 우리를 시험하시되 우리를 단련하시기를 은을 단련함같이 하셨으며 … 우리가 불과 물을 통과하였더니 주께서 우리를 끌어내사 풍부한 곳에 들이셨나이다 (시 66:10-12)

고통을 당할 때 우리의 과제는 그 고통이 왜 우리에게 오느냐를 연구하는 것이 아닙니다. 고통의 원인과 정체를 면밀히 분석하는 일도 아닙니다. 고통은 설명되지 않고 해명되지 않은 채 우리 가운데 존재합니다.

고통을 당할 때 우리가 할 일은 그 고통 속에서 하나님의 선하신 손길을 느끼는 것입니다. 즉 고통 속에서 '하나님이 하시는 일'을 발견하는 것입니다. '하나님의 일'이 무엇입니까? 하나님이 알아서 하시는 일입니다.

세상을 창조하신 하나님은 세상을 파괴할 수도 있습니다. 세상을 변경시킬 수도 있습니다. 하나님은 복만 주시는 분이 아닙니다. 하나님은 고통을 주시기도 합니다.

하나님에게는 모든 것이 축복이며 때로 고통도 축복입니다. 이 말은 하나님이 고통의 원인 제공자라는 말이 아닙니다.

초대교회 교부 오리겐은 "하나님은 악을 만들어 내지도 않고 악에게 지배당하지도 않으신다. 다만 하나님은 자신의 선한 뜻을 위해 악을 이용하신다"라고 말했습니다. 고통은 악하지만 그것을 사용하시는 하나님은 선하십니다.

때로 마귀가 우리에게 고통을 준다고 여길 때가 있습니다. 그러나 마귀의 악을 선으로 사용하시는 분은 하나님이십니다. 때로 환경이 우리에게 고통을 준다고 여길 때가 있습니다. 그러나 악한 환경을 이용하여 선을 이루시는 분은 하나님이십니다. 때로 사람들을 통하여 우리에게 고통이 온다고 생각할 때가 있습니다. 그러나 사람들을 사용하여 자신의 선한 뜻을 이루어 가시는 분은 하나님이십니다.

「내가 깊은 곳에서」, 이윤재

고통을 직시하라

** 사람이 감당할 시험밖에는 너희가 당한 것이 없나니 오직 하나님은 미쁘사 너희가 감당하지 못할 시험 당함을 허락하지 아니하시고 시험당할 즈음에 또한 피할 길을 내사 너희로 능히 감당하게 하시느니라 (고전 10:13)

미국에서 베스트셀러로 오랫동안 널리 읽혀지고 있는 M. 스캇펙의 「아직도 가야할 길(The Road Less Traveled)」이라는 책은 참 중요한 사실을 지적하고 있습니다.

오늘날 사람들의 삶을 점점 어렵게 만들고 더 뒤틀리게 만드는 원인은 자신의 문제를 직시하는 것을 너무 고통스러워하는 데 있다는 것입니다. 문제를 해결하기 위해서는 고통이라는 대가를 지불해야 하는데, 그것이 두려워서 도망가는 것입니다. 도망가니까 문제를 문제로 보지 못하고, 설혹 문제를 보았다고 할지라도 그 문제를 해결할 길이 없습니다. 그래서 문제가 계속 꼬이고 절망에 빠집니다. 이것이 현대인입니다.

정신적으로나 영적으로 훈련이 되지 못한 사람들은 고통스러운 것은 무조건 피하려고 합니다. 그리고 문제 해결에 뒤따르는 고통을 두려워한 나머지 문제 자체를 아예 외면해 버립니다. 극단적으로 가면 신경증 질환에 걸린다고 합니다.

심리학계의 거인인 칼 융은 심리학적인 입장에서 "신경증 질환은 그것이 정신 분열이든 정신 쇠약이든 어떤 것이든지 정당한 고통을 회피한 대가이다"라고 말했습니다.

하나님께서 성경을 통해 우리에게 교훈하시는 참으로 중요한 진리 중의 하나는 모든 문제는 고통을 통해서 해결될 수 있으며 또한 하나님이 사용하시는 종들에게는 고통을 통해 문제를 해결하는 능력을 키워주셨다고 하는 것입니다.

하나님의 장례식

※ 우리가 선을 행하되 낙심하지 말지니 포기하지 아니하면 때가 이르매 거두리라 (갈 6:9)

마르틴 루터가 낙담하고 우울하게 보내던 시절의 이야기입니다.

그는 며칠 동안이나 침통한 얼굴로 식탁에 앉아서 가족들까지도 우울하게 만들고 있었습니다. 어느 날 그의 아내가 마치 장례식에 참여하려는 듯이 온통 까만 옷으로 차려 입고 아침 식탁에 앉았습니다.

루터가 그녀에게 누가 죽었느냐고 묻자 그녀는 "마르틴, 당신이 최근에 행동하는 것을 보고 난 하나님이 돌아가셨다고 생각했어요. 그래서 하나님의 장례식에 참석할 준비를 했죠"라고 대답했습니다.

그녀의 부드럽지만 인상적인 견책은 곧장 루터의 마음을 파고들었습니다. 결과적으로 이 위대한 종교 개혁가는 다시는 세상적인 염려나 분노, 우울, 낙담, 실패로 좌절하지 않겠다고 결심했습니다.

하나님의 은혜로 그는 어떤 일이 닥친다 해도, 자신의 삶을 예수님께 드릴 것이며 즐거워하는 영으로 그분의 은혜를 드러내리라고 맹세했습니다.

낙심의 뿌리는 불신앙입니다. 충분한 돈을 벌지 못하고 있다고 생각하기 때문에(그리고 하나님이 여러분의 필요를 공급해 주실 수 있다고 확신하지 않기 때문에) 낙심하게 됩니다. 또는 직장에서 좌절감을 느낍니다. 그리고 하나님이 여러분에게 만족함을 줄 것이라고 믿지 않습니다.

낙심은 태양의 따스함과 기쁨을 가리는 큰 구름, 짙은 구름 같은 것입니다. 영적 낙심은 하나님의 아들, 주 예수님을 우리의 삶 가운데서 가립니다. 낙심은 우리의 삶에서 하나님의 일을 훼방하는 사탄의 도구입니다. 낙심은 우리가 하나님의 자비에 눈멀게 하고 불리한 상황만을 인식하게 합니다.

낙심을 쫓아 버릴 수 있는 방법은 하나밖에 없습니다. 그것은 우리 자신의 힘이나 재주가 아닙니다. 그것은 하나님이 우리를 사랑하심을 믿는 믿음으로 돌아서는 것입니다.

여러분이 절망 가운데서 하나님을 찬양하였던 가장 최근의 일이 언제입니까? "그러고 싶어질 때"까지 기다리지 마십시오. 그렇지 않으면 영영 할 수 없게 될 것입니다. 지금 실행하십시오.

「희망」, 빌리 그래함

끊임없이 자신을 독려하라

❋ 내 영혼아 네가 어찌하여 낙심하며 어찌하여 내 속에서 불안해하는 가 너는 하나님께 소망을 두라 그가 나타나 도우심으로 말미암아 내가 여전히 찬송하리로다 (시 42:5)

"힘이 아직 그대를 버리기 전에 마음을 갈아 넣어라. 빛이 아직 남아 있을 때 기름을 넣어라."

이는 서양의 격언입니다. 이 말엔 끊임없이 자신을 위해 독려하고 그 어떤 어려운 상황에서도 포기하지 말고 최선을 다하라는 의미가 담겨 있습니다.

현대를 살아가는 사람들 중에는 조금만 어렵고 힘든 일이 생겨도 쉽게 삶을 포기하고 자신을 내동댕이치듯 체념에 빠지는 어리석은 사람들이 많습니다.

사람은 무한한 꿈과 능력을 갖고 태어난 축복받은 동물입니다. 그 능력을 포기한다는 것은 우리에게 무한한 능력을 축복으로 주신 절대자에 대한 모독입니다.

사람은 누구나 실수를 할 수 있는 것이고 그 실수는 사람이기 때문에 당연한 일입니다. 실수를 하지 않는 사람은 아무도 없습니다. 신이 아닌 이상, 사람이라면 누구나 실수를 합니다.

그런데 사람들은 실수를 하거나 자신의 삶이 실패했다는 생각이 들면 아직까지도 남아 있는 힘과 빛까지도 스스로 포기하는 경우가 많이 있습니다. 이것은 신에게 도전장을 내미는 것과 다름이 없습니다.

역사를 짊어졌던 우리 인류의 선대들이 이런 나약한 삶을 살았다면 우리는 지금과 같은 시대를 살지 못했을 것입니다. 그들은 수많은 자연의 변화와 횡포에도 굴하지 않고 지혜와 용기로 그 험난한 역사를 헤쳐 나와 오늘을 우리들에게 물려주었던 것입니다.

삶에는 절대로 공짜가 없습니다. 공짜를 바라는 삶은 그만큼 공허하고 뿌리가 없는 나무와 같습니다. 땀이 섞이고 힘이 보태져서 만들어진 삶이라야 떳떳하고 오래갈 수 있는 것입니다. 절망하기 이전에 자신에게 남아 있는 빛을, 그리고 힘을 바라보십시오. 그리고 다시 시작하십시오.

끊임없이 자신을 독려하는 삶을 살아가시기 바랍니다.

「아침이 행복해지는 책」, 김옥림

분노를 다스리라

※ 노하기를 더디 하는 자는 크게 명철하여도 마음이 조급한 자는 어리석음을 나타내느니라 (잠 14:29)

억울한 일을 당하거나 불쾌한 일을 만났을 때, 우리는 분노의 감정에 사로잡히기 쉽습니다.

어떤 이들은 그 분노의 감정을 억누르려고 합니다. 기분이 좋지 않지만 억지로 참으려고 합니다. 그러나 그것은 마치 용수철을 힘으로 누르는 것과 같습니다. 시간이 지날수록 용수철은 피곤하지 않지만 용수철을 누르는 손은 피곤해집니다.

결국 용수철은 위로 튀어 오르게 되어 엉뚱한 사람에게 분노의 화살이 날아갈 수도 있습니다. 또한 분노의 화살을 참고 있는 순간에도 그 분노의 에너지는 자신의 몸과 영혼을 파괴하게 되며 그 독소가 온 몸에, 혈관 속에, 세포 속에 스며들게 되므로 분노를 참는 것은 좋은 방법이 아닙니다.

또한 어떤 이들은 그 분노를 밖으로 표출하려고 합니다. 그러한 나쁜 감정을 품는 것은 자신을 해치기 때문에 그것을 밖으로 내보내려는 것입니다. 그러나 이것도 별로 좋은 방법이 아닙니다.

"작년에 우리 집이 지금 살고 있는 곳으로 이사를 왔을 때입니다. 아직 짐을 정리하기 전이었으므로 집은 아수라장이었습니다. 초등학교 5학년인 아들 주원이는 자기 방은 자기가 정리하겠다고 제안했습니다. 아내와 나는 기특해서 허락을 했는데, 주원이의 방 정리 방법은 아주 간단했습니다. 자기 방에 있는 지저분한 것들은 모조리 바깥으로 던져 버리는 것이었습니다. 아들의 방은 곧 깨끗해졌고, 거실은 당연히 훨씬 더 지저분해졌습니다. 자기의 방은 곧 정리가 되었지만 집 전체적으로는 별로 도움이 되지 않았던 것입니다."

이것이 바로 분노를 터뜨려서 문제를 해결하기 원하는 사람들의 방식입니다.

그들은 자신의 마음만 편안하면 다른 사람은 상처를 받든 말든 별로 상관이 없다고 생각합니다. 그들은 '나는 마음에 있는 말은 해 버려야지 꽁해서는 못 살아!' 하면서 모든 악들을 토해 냅니다. 그러나 이는 심히 어리석은 일입니다.

왜냐하면 사람의 마음은 겉으로는 분리되어 있는 듯 보이지만 내면적으로는 모두 서로 연결되어 있기 때문입니다. 그러므로

남의 마음을 아프게 하는 것은 결국은 자기 자신을 해롭게 하는
씨를 심는 것이며, 언젠가는 그 열매를 거두게 되기 때문입니다.

「그리스도인의 생각 다스리기」, 정원

악에 대한 분노

※ 우리를 양육하시되 경건하지 않은 것과 이 세상 정욕을 다 버리고 신중함과 의로움과 경건함으로 이 세상에 살고 (딛 2:12)

크리스천 중에 어떤 사람은 하나님이 자식이라면 사족을 못 쓰는 부모인 줄 압니다. 자녀의 악에도 눈감아주는 분으로 알고 있는 것입니다. 어떤 사람은 하나님이 우리를 너무나 사랑하시기 때문에 우리의 악에 대하여 노하실 수 없다고 주장하기도 합니다. 그러나 그들은 사랑이 언제나 악에 노한다는 사실을 이해하지 못하고 있습니다.

하나님은 악에 대하여 노하십니다. 많은 이들이 하나님의 분노를 이해하지 못하는 것은 하나님의 분노와 인간의 분노를 혼동하기 때문입니다. 양자간에는 공통점이 거의 없습니다.

인간의 분노는 전형적으로 자신 때문에 생겨나 성질을 부리며 폭력으로 커지는 경향이 있습니다. 우리는 누가 나를 얕보거나 무시하거나 속일 때 발끈합니다. 이것이 인간의 분노입니다.

그러나 하나님의 분노는 이러한 분노가 아닙니다. 하나님은 그분의 뜻대로 안된다고 화를 내시는 분이 아닙니다. 그분이 노하시는 것은 불순종이 언제나 자멸을 낳는다는 것을 잘 알기 때문입니다. 자식이 자해를 하는데 옆에 앉아서 보고만 있을 아버지가 누가 있겠습니까? 하나님은 자신의 자녀들을 망쳐 놓는 악에 대하여 노하십니다.

「주와 같이 길 가는 것」, 맥스 루케이도

분쟁에서 멀어지라

** 욕심이 많은 자는 다툼을 일으키나 여호와를 의지하는 자는 풍족하게 되느니라 (잠 28:25)

어떤 형태의 분쟁이든간에 분쟁은 항상 문제들을 일으킵니다. 그것으로부터 모든 악한 일들이 생겨납니다. 우리에게 거슬러서 대적하는 말들을 하는 사람들에게 아무런 대항을 하지 않는 것이 때로는 아주 어렵습니다.

나는 전에 나에 대해 끔찍한 거짓말들을 했던 한 여자 때문에 몹시 화가 났던 적이 있었습니다. 나는 말로 그녀에게 복수를 하고 싶었습니다. 그러나 그때 주님께서는 "원수 갚는 것이 내게 있다"고 말씀하셨습니다.

주님께서는 하나님께서 나를 대신해서 싸워줄 터이니 너는 그저 원수를 축복해야 한다고 말씀하셨습니다.

그래서 나는 분쟁에 끼어들지 않기로 결심했습니다. 그것은 이제 주님의 문제이지 나의 문제가 아니었습니다. 어떤 싸움이든 싸움이 벌어지면 내가 아닌 주님이 대신해서 그 싸움을 싸워 주십니다.

하나님께서는 그 상황에서 나에게 승리를 주사 유익한 경험을 할 수 있게 해주셨습니다. 나는 "원수 갚는 것이 내게 있다"는 말씀을 결코 잊을 수 없을 것입니다. 그리고 분쟁에 휘말릴 수 있는 그런 상황들을 접하게 될 때마다 그 말씀을 되새깁니다.

분쟁은 우리가 지탱해 가기에는 너무 고생스러운 것이며 그 대가가 너무 비쌉니다. 분쟁은 당신에게서 시간과 정력 그리고 정신적 평안과 안녕을 모두 가져갈 것입니다. 당신이 진정 승리하는 그리스도인이 되길 원한다면 분쟁으로부터 멀어지십시오.

「365일 말씀과 기도」, 마릴린 하키

성과 없는 논쟁만큼
에너지를 낭비하는 일은 없다

** 모든 사람과 더불어 화평함과 거룩함을 따르라 이것이 없이는 아무
도 주를 보지 못하리라 (히 12:14)

"부부싸움은 사랑의 증거"라는 옛 속담도, 논쟁이 어떤 행태로든 당신을 희생자로 만든다면 진지하게 다시 생각해 봐야 합니다.

논쟁에 끌려 들어가면 보통 흥분하여 혈압이 올라가고, 위궤양의 불씨가 되며, 분개하여 결국 그 자리를 떠나게 됩니다.

논쟁하는 일이 건전하다는 생각은 버려야 합니다. 아무도 상처받지 않는다면 활발한 토론이 즐거운 일이 되겠지만, 논쟁을 좋아하는 사람이나 논쟁을 마음으로부터 필요로 하는 사람들 사이에서 그것은 불가능한 일입니다. 그들은 주위 사람에 대해 위압적인 말투를 쓰거나 감정을 폭발시킴으로써 논쟁에 말려든 사람을 희생자로 만들어 버리기 때문입니다.

당신을 이해하지 못하는 상대와 논쟁하고 있을 때, 그 논쟁이 몰이해를 더욱더 조장하여 상대에게 그의 사고방식에 대한 확신을 더 강화시켜 주게 되는 경우가 많습니다.

논쟁은 상대의 완고한 마음을 더욱 굳혀 버릴 뿐입니다. 그런데 당신은 가끔 그러한 논쟁을 가치 있는 것이라고 변호하려고 합니다.

어느 날 행크라는 젊은이가 주차장에 차를 세우고 내리다가 문을 너무 세게 여는 바람에 옆 차의 도어에 부딪히고 말았습니다. 그 차에서 남자가 튀어 나왔습니다. 그의 얼굴은 흥분으로 새빨개져 있었고, 싸움을 하고 싶어 좀이 쑤시는 모습이었습니다.

그는 "대체 무슨 짓이야?" 하고 소리치면서 행크가 마주 소리질러 오기를 기대하고 있었습니다. 자기의 분노에 박차를 가하여 결국은 싸움의 계기를 만들기 위해서였습니다.

그러나 행크는 그 도전에 휩쓸리지 않았습니다. 행크는 "아, 제가 정말 부주의했고 경솔했습니다. 기분이 많이 상하셨을텐데 죄송합니다. 손해를 변상해 드리겠습니다" 하고 이야기했습니다.

행크의 침착한 태도가 금방이라도 폭발할 것 같은 상황을 잠재웠습니다. 상대는 곧 평정을 되찾고 이렇게 말했습니다.

"당신에게까지 소리 지를 필요는 없었습니다. 오늘 기분 나쁜 일이 있었거든요. 하지만 이런 사소한 일로 화를 낼 생각은 없었습니다. 차에 상처는 없습니다. 이제 잊어버리십시다."

두 사람은 악수를 하고 헤어졌습니다.

여기에서의 교훈은 분명합니다. 자기 입장을 남에게 이해시키기 위해 논쟁할 마음이 생겼다면, 대부분의 경우 당신은 희생자로 끝나고 맙니다. 격렬한 논쟁에서 '이겼다'고 할지라도, 자신이 피로한 정도를 생각하면 정말로 이긴 것은 아니라는 사실을 충분히 깨달을 것입니다.

자기가 승리자라는 것을 입증하기 위해서 위궤양, 고혈압, 원한다면 심장병이라도 일으킬 것 같은 태도를 취할 수는 있습니다. 하지만 반대로 그러한 논쟁을 피하고 올바른 정신과 건강을 지킬 수도 있습니다.

『인생의 기적을 낳는 7가지 생활 습관』, 웨인 W. 다이어

세상의 선과 악

※ 이 세상이나 세상에 있는 것들을 사랑하지 말라 누구든지 세상을 사랑하면 아버지의 사랑이 그 안에 있지 아니하니 (요일 2:15)

"많은 사람들이 나에게 "펙 선생님, 세상엔 왜 악이 존재하는 겁니까?" 하고 묻곤 합니다. 하지만 아직까지 나에게 "세상엔 왜 선이 존재하는 겁니까?" 하고 묻는 사람은 한 명도 없었습니다.

마치 세상은 원래 선한 곳인데 어찌어찌하여 악으로 오염됐다는 것을 전제로 하고 있는 듯합니다. 그러나 우리가 알고 있는 한 과학이라는 영역에서는 악을 설명하기가 훨씬 쉽습니다. 사물이 파괴되어 가는 사실은 물리학의 자연 법칙에 의해서 충분히 설명이 가능한 일입니다.

그러나 인생이 점점 더 복잡한 형태로 진보해 가야 한다는 사실을 설명하기란 그렇게 쉽지 않습니다. 거짓말을 하고 물건을 훔치고 컨닝을 하는 아이들은 이제 어디서나 흔히 볼 수 있습니다. 그런 아이들이 참으로 정직한 어른으로 자란 경우는 그보다 훨씬 찾아보기 힘듭니다.

사람들은 대부분 부지런하기보다는 게으릅니다. 이렇게 볼 때 오히려 본래 악하던 세상이 어찌어찌하여 신비스럽게 선에 의해 나아지고 있다고 가정하는 것이 더욱 타당성 있는 생각일지도 모르겠습니다.

선의 신비는 악의 신비보다 훨씬 타당성이 있고 선의 신비는 악의 신비보다 훨씬 큽니다."

(「거짓의 사람들」, 스캇 펙)

인간은 악합니다. 인간은 악하기 때문에 자기 자신이 악한 줄을 알지 못합니다. 인간은 자기가 악한 줄을 알지 못하고 세상과 다른 사람이 악하다고 불평합니다. 인간은 악한 자신을 선하다고 전제하기 때문에 진리에 대해 완전히 무지합니다. 다시 말하면 인간은 어리석은 존재라는 것입니다.

어리석은 인간은 또 이렇게 질문합니다. "하나님이 계시다면 왜 세상이 악한가? 하나님이 선하시다면 세상에 악을 관용할 수 있는가"라고 말입니다.

하나님이 선하시기 때문에 세상의 악에 대해 관용할 수 있습니다. 부모가 탕자가 돌아오기를 기다리듯 하나님은 악한 인간에 대해서 마지막 때까지 참고 기다리시는 것입니다.

　이제 선이냐 악이냐를 따질만한 가치조차 못 느끼는 세상이 되어 버렸습니다. 세상은 너무 악에 만연되어 있기 때문에 악을 잊어 버렸습니다. 그럼에도 하나님은 선을 보이십니다.

「3분만」, 황인철

세상과 섞여서는 안된다

**너희는 세상의 소금이니 소금이 만일 그 맛을 잃으면 무엇으로 짜게 하리요 후에는 아무 쓸 데 없어 다만 밖에 버리워 사람에게 밟힐 뿐이니라 너희는 세상의 빛이라 산 위에 있는 동네가 숨기지 못할 것이요 (마 5:13,14)

"우리에게 주신 성령으로 말미암아 그가 우리 안에 거하시는 줄을 우리가 아느니라." (요일 3:24)

배가 물에 떠있으면 그것은 잠기지 않습니다. 그러나 물이 배 안에 들어오면 배는 잠겨 버립니다.

마찬가지로 그리스도인들은 세상 가운데 있지만 세상에 속하지 않아야 합니다. 세상이 그들 가운데 들어오면 실패할 수밖에 없습니다.

우리는 부패의 바다 가운데 살아가기 때문에 성령의 열매를 맺을 수 없는 것이 아닙니다. 부패의 바다가 우리 안에 들어오기 때문에 열매맺지 못하고 실패하는 것입니다.

이런 일은 우리가 거의 의식하지 못하는 가운데 일어나고 있습니다. 일찍이 우리는 하나님께 드린바 되었고 하나님의 뜻에 항복했습니다. 그러나 조금씩 차가운 세상의 물이 스며들어옵니다. 그러면서 우리는 그리스도의 것이 아니라 세상의 것에 사로잡히게 됩니다.

대부분의 원양 항해선들은 계속해서 펌프를 작동시켜, 선채로 스며들어오는 모든 물을 빼냅니다. 이처럼 우리도 계속해서 회개의 '펌프'를 작동시키고 하나님의 진리의 말씀으로 구멍들을 막아야만 합니다. 세상이 여러분의 배를 침몰시키지 못하도록 말입니다.

우리는 세상과 섞여서는 안됩니다. 하나님은 우리들이 세상과 혼합되고 세상으로부터 오염되는 것이 아니라 세상을 향하여 빛과 소금이 되라고 말씀하셨습니다.

시험에 대한 올바른 이해

"오직 각 사람이 시험을 받는 것은 자기 욕심에 끌려 미혹됨이니"
(약 1:14)

성도들이 시험받는 것은 불신앙이나 죄의 결과 때문만은 아닙니다. 예수님도 마귀의 시험을 받으셨습니다(눅 4:1-13). 중요한 것은 시험의 결과와 그것에 대한 우리의 반응입니다. 예수님도 인간으로 오셔서 우리와 같이 모든 모양으로 시험을 받으셨으나 범죄하지 않으셨습니다(히 4:15).

시험에 대한 바른 이해가 필요합니다. 먼저 우리는 시험받을 때 하나님께서 주신 것이 아님을 알아야 합니다. 시험을 올바로 이해하기 위해서는 시험의 부정적인 면을 먼저 살펴봐야 합니다.

야고보는 "사람이 시험을 받을 때에 내가 하나님께 시험을 받는다 하지 말지니 하나님은 악에게 시험을 받지도 아니하시고 친히 아무도 시험하지 아니하시느니라"(약 1:13)고 말합니다.

인간은 원래 첫 인간 아담 때부터 자신의 잘못과 실수를 다른 사람의 탓으로 돌리는 경향이 있었습니다. 아담은 에덴동산에서 선악과를 따먹은 자신의 잘못을 아내 하와에게 전가시켰고, 하와도 자기의 불순종을 뱀의 잘못으로 돌렸습니다(창 3:12, 13).

그 이후로 모든 인간은 다른 사람에게 잘못을 돌리는 시험에 빠지고 말았습니다. 그러나 성경은 하나님 앞에서 우리 행동에 대한 책임과 그 모든 행동을 설명해야 할 날이 온다는 것을 분명하게 가르치고 있습니다(롬 14:12).

본성적으로 죄인인 인간은 하나님이 전혀 악의 영향을 받지 않으셨다는 사실을 이해하지 못합니다.

사도 요한은 "이는 세상에 있는 모든 것이 육신의 정욕과 안목의 정욕과 이생의 자랑이니 다 아버지께로부터 온 것이 아니요 세상으로부터 온 것이라"(요일 2:16)고 말하고 있습니다.

하나님은 선하시고 악하지 않기 때문에 악에게 시험을 받으실 수 없습니다. 또한 하나님은 친히 아무도 시험하지 않으십니다. 하나님은 그의 자녀들의 삶 속에 시련을 허락하시지만 범죄하도록 시험하지는 않으십니다. 하나님은 시험을 선한 목적으로만 사용하십니다.

그러므로 모든 시험과 유혹은 자기의 욕심에서 오는 것입니다.

인간은 자신의 욕심이나 미혹에 끌려서 범죄하게 되는 것입니다. 시험은 언제나 욕심으로 시작하며 죄로 끝이 납니다.

시험을 받지 않도록 욕심을 버리고, 시험이 올 때는 낙심하거나 세상으로 눈을 돌리지 말고 항상 주님을 향하여 나아가고 기도함으로 승리하시기 바랍니다.

「365 경건 메시지4」, 김연택

정면으로 싸우라

※ 그러므로 너희가 이제 여러 가지 시험으로 말미암아 잠깐 근심하게 되지 않을 수 없으나 오히려 크게 기뻐하는도다 너희 믿음의 확실함은 불로 연단하여도 없어질 금보다 더 귀하여 예수 그리스도께서 나타나실 때에 칭찬과 영광과 존귀를 얻게할 것이니라 (벧전 1:6,7)

예수님을 만나지 않았다면 베드로는 아마도 평범한 어부로 살았을 것입니다. 예수님을 따르며 제자로 훈련을 받는 동안 그는 변화와 함께 새로운 인생관이 확립되기 시작했습니다. 그리고 예수님이 십자가에 돌아가신 후에는 성령의 체험을 통하여 복음의 사도가 되었습니다.

인간적으로 보면 그의 삶은 예수님을 만나 더욱 힘들었을 것입니다. 가족을 떠나 3년간 예수님을 따라 다녔고, 사도가 되어서는 복음을 전하다가 핍박을 받았고, 결국은 로마에서 십자가에 거꾸로 매달려 순교를 당했습니다.

베드로는 고난이 오더라도 놀라지 말고 당연한 일로 여기고 올바르게 대응하라고 말합니다. 오히려 복음을 위해 당하는 고난을 기뻐하라고 합니다. 왜냐하면 그러한 고난 뒤에는 큰 영광이 있기 때문입니다.

찬송가 3장은 '아버지께 영광'이라는 뜻을 지닌 영광송입니다. 영광송의 곡은 후세의 것이지만 찬송시는 이미 1세기 사도 시대에 불려졌습니다. 이것을 가리켜 '순교자의 노래'라고 했습니다. 로마 박해 당시 신도들이 사형장으로 끌려가면서 이 찬송을 불렀기 때문입니다.

"성부 성자와 성령 찬송과 영광 돌려보내세 태초로 지금까지 또 영원무궁토록 성삼위께 영광 영광."

순교자들은 죽음 후에 있을 영광을 보고 있었던 것입니다. 이들 앞에 십자가의 형틀이나 사자굴은 위협이 되지 못했습니다. 이들의 순교는 패배가 아니라 승리였고, 이로 인해 우리가 복음을 듣고 영생을 얻을 수 있게 되었습니다. 이후로도 기독교에 대한 핍박과 환난이 계속 되었지만 복음은 더욱 왕성하게 퍼져 나갔습니다.

초대 교회 사도들이 겪었던 환난에는 비교할 수 없지만 우리에게도 시험과 환난은 찾아옵니다. 이러한 시험은 이미 예견된 일입니다. 시험을 피해 도망하는 것은 믿음을 포기하는 결과를 가져옵니다. 그러므로 우리는 신앙의 선배들처럼 적극적으로 시험을 이겨나가야 합니다.

시험이 우리에게 고통만 주는 것은 아닙니다. 시험으로 인해 우리는 겸손해질 수 있고 하나님 앞에 더 가까이 갈 수 있습니다.

시험을 피하고 도망하는 사람은 그 순간은 편안할지 몰라도 결국은 영원한 삶에서의 낙오자가 되는 것입니다. 시험을 피하면 더 큰 시험이 오기 마련입니다.

그러나 시험과 정면으로 싸우면 승리는 우리의 것입니다. 우리는 우리를 위해 이미 시험을 이기신 예수님과 같이 싸우기 때문입니다.

「일년 일독 매일 묵상」, 주경로

역경은 또 하나의 축복

※ 사랑하는 자들아 너희를 연단하려고 오는 불 시험을 이상한 일 당하는 것 같이 이상히 여기지 말고 오히려 너희가 그리스도의 고난에 참여하는 것으로 즐거워하라 이는 그의 영광을 나타내실 때에 너희로 즐거워하고 기뻐하게 하려 함이라 (벧전 4:12,13)

역경은 언제나 있습니다. 그것 또한 삶을 이루는 부분이기 때문입니다. 그리고 역경이 있다는 것은 좋은 것입니다. 역경이 있으면 성장할 수 있기 때문입니다.

역경은 도전입니다. 역경은 그대로 하여금 그것을 극복하고, 생각하고, 해결 방안을 모색하도록 자극합니다. 바로 이런 노력은 성장에 필수적입니다. 그러니 늘 역경을 축복으로 생각하십시오.

역경이 없다는 것은 우리가 별 볼일 없는 존재라는 의미이기도 합니다. 그대가 역경을 헤쳐 나갈수록 더 큰 도전들이 그대를 기다릴 것입니다. 오직 마지막 순간에 가서야 모든 역경이 사라질 것입니다. 그 마지막 순간은 오로지 역경들이 있었기 때문에 가능한 자리입니다.

어떤 역경이라도 그것을 부정적으로 받아들이지 마십시오. 역경 안에 숨은 보석을 찾으십시오.

길을 막고 있는 바위는 디딤돌로 쓰일 수 있으나, 만일 그것이 없다면 그대는 딛고 설 돌이 없으므로 길을 건널 수도 없습니다. 역경은 나에게 하나의 디딤돌일 뿐임을 기억하십시오.

「틈」, 오쇼 라즈니쉬

정말 값진 것

**내 형제들아 너희가 여러 가지 시험을 당하거든 온전히 기쁘게 여기라 이는 너희 믿음의 시련이 인내를 만들어 내는 줄 너희가 앎이라 인내를 온전히 이루라 이는 너희로 온전하고 구비하여 조금도 부족함이 없게 하려 함이라 (약 1:2-4)

당신은 당신의 지혜로 이해되지 않는 것들 때문에 믿음에서 떠나 있지는 않습니까? 당신의 눈으로 볼 수 있는 것들만을 믿고 있지는 않습니까? 당신은 자신이 당하고 있는 고통에만 집착한 나머지 하나님께서 그것을 통해 이루고자 하시는 것이 있다는 사실을 망각하고 있지는 않습니까? 당신은 실패라는 늪에서 헤어나오지 못하고 그것에만 집착하고 있지는 않습니까?

당신에게는 오직 두 가지 선택만이 있을 뿐입니다. 하나는 하나님께서 당신의 역경을 통해 친히 영광받으실 것을 믿는 것이고, 나머지 하나는 당신이 입은 손실에 집착하여 그것의 해결책을 찾는 데에 모든 시간을 낭비하는 것입니다.

만약 당신이 후자를 택한다면 하나님께서 이루고자 하시는 어떤 위대한 일도 보지 못하게 될 것입니다.

하지만 당신의 역경 속에 숨어 있는 하나님의 뜻을 발견하고자 노력한다면 당신이 당하는 모든 역경에 대해 언젠가 이렇게 말할 수 있을 것입니다.

"그것은 정말 값진 것이었다."

「역경을 이기는 법」, 찰스 스탠리

염려하기보다 먼저 실행을

** 마음의 즐거움은 얼굴을 빛나게 하여도 마음의 근심은 심령을 상하게 하느니라 (잠 15:13)

의사들은 여러 가지 질병을 초래하는 가장 큰 원인이 바로 염려, 즉 스트레스라고 말합니다. 염려하지 않는 방법을 배운 사람은 결코 스트레스를 받지 않습니다. 염려는 우리 안에서 작용하는 매우 고된 일이기 때문입니다. 그래서 우리가 염려하면 지치고 신경이 예민하게 되는 것입니다.

염려 속에는 우리를 기만하는 것이 들어 있습니다. 그래서 그것은 우리가 무엇인가를 행하고 있다는 착각을 일으키게 합니다. 그러나 실제로 우리는 염려만 할 뿐이지 아무 것도 행하지 않고 있습니다.

만약에 여러분이 진실로 캄보디아인과 이디오피아 사람들을 염려한다면 지금 즉시 수표를 써서 그것을 보내십시오. 그런 다음 염려와 걱정은 멀리 던져 버리십시오. 왜냐하면 그 수표야말로 그들에게 실질적인 도움이 될 것인지만 여러분의 근심은 아무런 도움도 되지 못하기 때문입니다.

만약에 염려가 어떤 문제를 해결해 준다면 우리 모두 염려를 해야 마땅합니다. 그러나 어떤 일에 도움이 되는 것은 염려가 아니라 그것에 관한 작은 실행입니다. 그러나 우리는 대개 행하지는 않고 염려만 하고 있습니다.

그렇다고 무관심해지자는 말이 아닙니다. 염려하기보다는 먼저 어떤 일을 실천에 옮기자는 것입니다. 여러분이 어떤 상황에 직면하게 되면 내가 이 상황에서 무엇을 할 수 있는지 곰곰이 생각해 보시기 바랍니다. 그리고 만약에 여러분이 무언가를 할 수 있는 것이 있다면 즉시 그 일을 행하되 염려는 하지 마십시오.

걱정해도 소용없다

** 마음의 즐거움은 양약이라도 심령의 근심은 뼈를 마르게 하느니라
(잠 17:22)

당신이 지금 근심하고 있는 일들이 무엇입니까?

'누가 나를 원망하고 있을지 모른다. 이 일을 실패할지 모른다. 도둑이 들어올지 모른다. 큰 병일지도 모른다.'

이런 걱정이거든 지금 당장 털어버리십시오. 현재 아직 나타나지 않은 불확실한 일에 대해서 미리 걱정할 필요는 없습니다. 그것은 다만 심신을 소모하고 오늘 할 일에 지장을 줄 뿐입니다.

사람이 공상이나 또는 불확실한 일에 대한 걱정을 떨쳐버린다면 현실적으로 걱정될 만한 일은 그다지 많지 않습니다. 걱정의 99%는 오늘의 일이라기보다는 일어나지도 않을 내일이나 미래의 일들입니다. 즉 염려할 필요가 없는 일들인 것입니다.

그리고 이미 지나간 일에 대해서도 걱정하지 마십시오. 이미 저질러진 불행에 대해서 자꾸 근심하는 것도 졸렬한 노릇입니

다. 엎질러진 물은 그릇에 다시 담을 수 없습니다. 걱정하고 괴로워한다고 전과 같이 될 수는 없습니다.

걱정해도 소용없는 걱정으로부터 자신을 해방시키십시오. 그것이 마음의 평화를 얻는 가장 가까운 길입니다.

카네기

상처 입은 자의 기도

**너희가 사람의 잘못을 용서하면 너희 하늘 아버지께서도 너희 잘못을 용서하시려니와 (마 6:14)

우리는 누구나 상처 입은 사람들입니다. 누가 우리에게 상처를 주는 것일까요?

우리는 흔히 우리가 사랑하는 사람들과 우리를 사랑하는 사람들로부터 상처를 받습니다. 우리가 거절당했다고 느끼거나, 버림당했다고 느끼거나, 학대받고 이용당했다고 느끼거나, 또는 사랑받지 못한다고 느낄 때 상처를 받습니다.

그런 느낌은 우리의 부모, 우리의 친구, 우리의 배우자, 우리의 연인, 우리의 아이들, 우리의 이웃, 우리의 목회자들과 같이 주로 우리와 가장 가까운 사람들에게서 오는 것입니다.

우리를 사랑하는 그 사람들이 우리에게 또한 상처를 안겨 줍니다. 이것은 우리 인생의 비극입니다. 이것이 바로 마음에서 우러나오는 용서를 그렇게 어렵게 만드는 이유이기도 합니다.

상처를 받는 것은 정확하게 우리의 마음입니다. 우리는 이렇게 울부짖습니다.

"네가 나한테 어떻게 이럴 수가 있어? 난 그런 짓을 한 너를 절대 용서할 수 없어."

마음의 상처가 클수록 용서는 불가능한 것으로 보입니다. 그러나 하나님께 있어서는 불가능한 일이란 없습니다. 우리 안에 거하시는 하나님은 우리의 상처 입은 자아를 넘어서 나아가는 은혜를 우리에게 베풀어 주실 것입니다.

그리고 하나님은 우리가 이렇게 말하기를 원하십니다.

"하나님의 이름으로 당신을 용서하겠습니다."

「영혼의 양식」, 헨리 나우웬

일곱 번씩 일흔 번이라도 손을 내밀라

※ 예수께서 이르시되 네게 이르노니 일곱 번뿐 아니라 일곱 번을 일흔 번까지라도 할지니라 (마 18:22)

죄를 용서한다는 일은 쉬운 일이 아닙니다. 그러나 우리가 주님으로부터 용서를 받았으므로 우리도 다른 사람을 용서해 줄 의무와 책임이 있습니다.

베드로가 주님께 "주님, 형제가 내게 죄를 범하면 몇 번이나 용서해 주면 됩니까? 일곱 번이면 됩니까?"라고 물었습니다. 이에 예수님께서는 "일곱 번뿐 아니라 일곱 번씩 일흔 번이라도 용서해 주라"고 말씀하셨습니다.

물론 용서해 주지 못할 처지에 있는 사람도 많을 것입니다. 남편의 부정을, 아내의 잘못을 용서하지 못해 몸부림치는 사람도 있을 것이며 이웃을 용서하지 못해 고통 받는 사람도 있을 것입니다.

제2차 세계대전이 막 끝났을 때입니다. 부흥사인 코리텐 붐 여사가 독일에 와서 그리스도의 용서에 대한 복음을 증거했습니다. 패전에 완전히 짓눌려 침울해하고 죄책으로 말미암아 몸둘 곳을 몰라 하던 독일 사람들은 예수님의 용서에 대한 복음을 듣고 저마다 웃음꽃을 피웠습니다.

여사가 설교를 마치고 강단에서 내려오자 많은 사람들이 여사와 악수하기를 기다리고 있었습니다. 사람들과 차례로 악수를 나누던 여사는 손을 내밀며 다가서는 한 남자를 보는 순간 심장이 멎는 듯했습니다.

그는 다름 아닌 수용소에 있을 때 여사를 벌거벗기고 학대하던 병사였습니다. 전쟁 중에 여사의 가족은 유대인을 숨겨 줬다는 죄목으로 체포되어 수용소에 갇혔습니다. 다른 가족들은 수용소 생활을 견디지 못하고 죽고 여사만 겨우 살아남아 고국인 네덜란드로 돌아갔던 것입니다.

그 때의 악몽이 되살아난 그 여사는 강단에서는 용서를 외쳤지만 자기 가족을 죽게 한 장본인을 용서할 수가 없어서 손이 내밀어지지 않았습니다. 그래서 여사가 "주님, 나는 이 남자를 용서할 수 없으니 나를 도와주옵소서"라고 기도를 하자 "네 손을 내밀라"는 주님의 음성이 들려왔습니다.

주님의 음성을 듣고 여사가 천근같이 무거운 팔을 내밀어 그 남자의 손을 잡는 순간 하늘에서 그리스도의 사랑이 여사에게로 쏟아졌습니다.

이처럼 용서는 그리스도의 정신이며 하나님의 사랑입니다. 하나님으로부터 용서를 받은 우리들은 아내와 남편과 부모와 자녀를 그리고 나아가 이웃을 용서해 주어야 합니다.

용서는 상대방의 잘못을 영원히 잊어버리는 것입니다. 이것은 고통 가운데 예수 그리스도의 몸을 찢으면서 우리에게 가르쳐 주신 하나님의 명령입니다.

나 자신을 용서하라

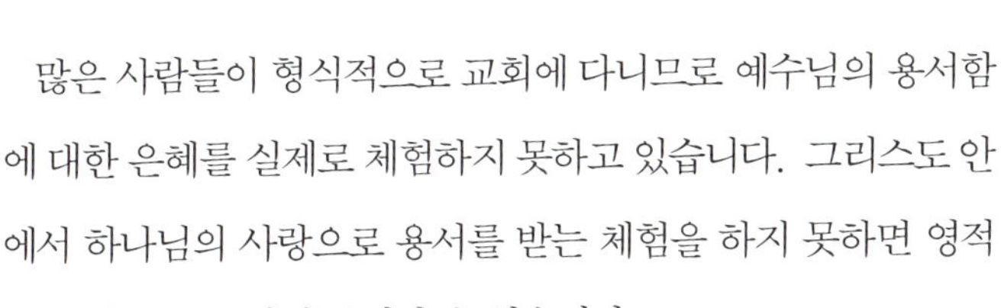

※ 여호와께서 말씀하시되…너희의 죄가 주홍 같을지라도 눈과 같이 희어질 것이요 진홍같이 붉을지라도 양털 같이 희게 되리라 (사 1:18)

많은 사람들이 형식적으로 교회에 다니므로 예수님의 용서함에 대한 은혜를 실제로 체험하지 못하고 있습니다. 그리스도 안에서 하나님의 사랑으로 용서를 받는 체험을 하지 못하면 영적인 세계 속으로 깊이 들어갈 수 없습니다.

우리들이 매일 세수를 하고 손발을 씻어서 먼지와 티끌을 씻어내는 것처럼 매일 예수님의 보혈을 통한 용서의 의미를 깊이 깨달아야 합니다. 그럴때 우리의 신앙이 더 깊은 세계로 들어가게 되는 것입니다.

우리는 예수 그리스도의 보혈을 통한 하나님의 용서를 체험해야 할 뿐만 아니라 나아가서 자기가 자기 자신을 용서해 주어야 합니다.

육신적으로, 정신적으로 깊이 병든 한 자매님과 신앙 상담을

한 적이 있습니다. 그 자매님의 남편은 장사를 하시는 분인데 어느 날 장사 차 남편과 함께 시골을 다녀왔더니 그 동안 청상과부로 자기만 바라보고 살던 어머니가 세상을 떠났던 것입니다. 임종도 못 지키고 평생 고생만 시켜 드린 친정어머니를 생각하니 자매님은 자신이 죽도록 미워 자신을 학대했습니다. 이것이 자매님에게 깊은 병을 유발하게 했던 것입니다.

그래서 그 자매님에게 하나님께서는 이미 자매님을 용서하셨는데 자매님이 자신을 용서하지 않으면 그것은 하나님을 모독하는 행위라고 하자, 깜짝 놀라면서 "하나님께서 나 같은 불효자도 용서하십니까?" 라고 물었습니다.

결국 하나님께서 모든 죄를 용서하셨음을 깨달은 자매님은 자기 자신도 용서하게 되어 자책과 원망과 탄식 대신에 마음속에 넘치는 기쁨을 소유하게 되었습니다. 하나님의 용서와 자신의 용서가 그의 마음을 치료했던 것입니다.

예수 그리스도 안에서 하나님의 깊은 용서를 받은 우리는 나 자신을 먼저 용서하고 더 나아가서 이웃을 용서해야 합니다. 그래야 생활에 변화가 다가올 뿐 아니라 영적으로도 성장하게 되는 것입니다.

위로의 대상을 찾아 따뜻한 말을 전하라

✽ 그리스도의 고난이 우리에게 넘친 것 같이 우리가 받는 위로도 그리스도로 말미암아 넘치는도다 (고후 1:5)

사람에게 세상을 살아가는 것이 그리 녹록하지 않습니다. 어쩌면 고난과 역경의 연속일 수 있습니다. 그렇다고 세상을 포기할 수도 없습니다. 숨 쉬는 한 살아가야 하는 것이 사람이 가지고 있는 운명입니다.

힘든 세상을 살아가는 데 제일 큰 힘 중에 하나는 '위로' 입니다. 위로 한 마디를 들으면 말로 설명할 수 없는 기쁨과 희망이 마음속에 생깁니다. '누군가 나를 걱정해 주고 관심을 가져주고 있구나' 라는 생각만으로도 힘이 되기도 합니다.

사람들은 누군가에게 위로를 받으면 매우 기분이 좋아지고 입가에 미소를 머금게 됩니다. 하지만 위로에 대한 사람들의 자세는 바뀌어야 합니다. 이상하게도 사람들은 위로를 받으려고 하지 위로 하려고는 하지 않습니다. 자신은 받으려고만 하고 하지 않는 것은 너무 지나친 처사가 아닐까요?

아마도 다른 사람에게 말을 하는 것을 어색하게 생각하기 때문일 것입니다. 어렸을 때부터 생각하고 직접 행동하는 것보다 듣고 받아쓰고 따라 움직이는 교육을 받으며 자란 것도 하나의 이유가 될 수 있을 것입니다.

위로를 하면 상대방과의 관계가 더 좋아지는 효과가 있습니다. 그리고 위로를 어렵게 생각하지 않으면 그만큼 세상에 위로가 더 많아질 것입니다. 위로는 특별한 양식이 없다는 것과 자신이 먼저 해야 하는 것, 두 가지만 알면 됩니다. 위로는 거창한 말이나 큰 선물을 필요로 하지 않습니다. "넌 할 수 있어", "힘을 내" 등의 평범한 말 한마디가 위로가 될 수 있습니다. 그 간단한 말에 사람이 가늠할 수 없는 큰 힘이 있습니다.

그 말을 다른 사람에게 받으려고 하지 말고 먼저 하십시오. 사람들은 따뜻한 말을 듣고 싶어 합니다. 대신 누군가 먼저 해주기를 바랍니다. 다른 사람을 위로하십시오. 남에게 한 위로 한마디는 또 다른 사람에게 두마디 이상의 위로가 되어 세상으로 번져갈 것입니다.

「두 개의 길 하나의 생각」, 이동연 · 혜성

위로의 하나님

※ 찬송하리로다 그는 우리 주 예수 그리스도의 하나님이시요 자비의 아버지시요 모든 위로의 하나님이시며 (고후 1:3)

안드라는 자기와 가장 친한 친구의 아기가 죽었다는 소식을 전해 듣고는 어떻게 하는 것이 좋은지를 몰랐습니다. 친구에게 당장 전화를 걸어줄까, 아니면 며칠 기다렸다 할까? 그런데 뭐라고 말해야 하나?

그녀는 한 소아과 병원의 원목인 어머니 메리 파르에게 조언을 구했습니다. 어머니는 이렇게 말했습니다.

"지금 바로 전화하렴, 친구에게 사랑한다고 말해주고 나중에 다시 전화한다고 해."

어머니의 조언대로 한 안드라는 자기의 친구에게 큰 힘이 되었습니다.

우리가 아끼는 사람들이 가족을 잃고 고통당할 때에 우리는 어떻게 해야 할까요? 하나님은 "우리의 모든 환난 중에서 우리를 위로하사 우리로 하여금 하나님께 받는 위로로써 모든 환난 중에 있는 자들을 능히 위로하게 하시는 이시로다"라고 고린도 후서 1장 4절에서 말하고 있습니다.

메리 파르는 이런 글을 썼습니다.

"우리는 상처로 얼룩지고, 대답이 없는 질문들로 가득한, 깨지기 쉽고 불완전한 세상에 살고 있다. 어떤 것들은 참으로 공평하지 못하다. 그래서 어려운 세상이다."

그리고 그녀는 침묵이 흐르는 것이 어색하여 무슨 말이라도 하려고 하는 충동을 느낄 때 이를 참아야 한다고 권고합니다.

말을 많이 하는 것보다는 "저도 잘 모르겠어요"라는 말을 쉽게 할 수 있어야 하며, 별 의미도 없는 말로 설득하려 하지 말아야 합니다. 할 말이 없을 때에는 그냥 옆에 같이 앉아 있으십시오.

친구에게 위로가 필요하다면 무슨 말을 해야 할지, 어떻게 행동해야 할지 가르쳐 주시기를 먼저 구해야 할 것입니다. 내 생각과 노력으로 위로하려 하지 마십시오. 그 사람을 위로하시는 분 곧 하나님을 증거해야 합니다.

하나님의 위로는 그 영혼의 깊은 상처까지도 치유하시는 위대한 능력임을 신뢰하시기 바랍니다.

「오늘의 양식」

주님의 시간을 기다리며 인내하라

※ 주의 진리로 나를 지도하시고 교훈하소서 주는 내 구원의 하나님이
시니 내가 종일 주를 기다리나이다 (시 25:5)

여러 해 동안 파도에 휩쓸려 다니다가 해변으로 밀려와 싹을 틔울 수 있는 것이 있다면 무엇일까요? 내셔널 지오그래픽에서 발간되는 월드잡지에 의하면 원산지가 남미와 서인도제도인 한 나무 열매가 그렇다고 합니다. 사람들은 이 열매를 '바다의 심장' 이라고 부릅니다.

5센티미터 정도 크기의 이 밤색 열매는 아주 단단하며 하트 모양을 하고 있고 아주 높이 뻗어 오르는 덩굴 가지에서 자랍니다. 다 자란 열매들은 종종 강물에 떨어져 바다로 떠내려가기도 합니다. 거기서 몇 해 동안 물결을 타고 다니다가 해변 가에 도달하게 되면 싹을 틔우고 식물로 자랍니다.

이와 같이 오랜 시간 동안 파도를 이겨내고 생명을 싹틔우는 이 씨앗은 우리에게 기본적인 영적 원리를 보여줍니다. 하나님

의 계획안에는 하나님께서 우리를 위하여 역사하시도록 우리가 아주 오랫동안 기다려야 하는 것이 포함될 수도 있습니다. 실제로 노아는 배를 만드는 120년 동안 다른 사람들의 조롱을 견디었고, 아브라함은 노년에 아들을 갖게 되리라고 하신 하나님의 약속의 성취를 기다렸으며, 하나님의 기름 부음을 받았던 다윗은 그를 시기하였던 사울 왕의 생명을 취하기보다는 하나님의 시간을 기다리는 길을 택했습니다.

바다의 심장은 인내하는 길을 스스로 선택할 수가 없지만 우리는 선택할 수 있습니다. 시편 25편을 기록한 다윗의 삶을 우리가 본받기는 매우 어렵기는 하여도 이보다 더 좋은 것은 없습니다. 비록 우리 삶이 파도에 휩쓸려도 주님의 뜻을 기다리면 우리 마음에 평화가 있고 믿음이 자라게 될 것입니다.

우리를 향한 하나님의 계획하심을 믿고 인내하십시오. 하나님이 정하신 그 때에 우리가 생각하지 못한 놀라운 방법으로 응답해 주실 것입니다.

「오늘의 양식」

인내하여 이룬 위대한 것들

※ 게으르지 아니하고 믿음과 오래참음으로 말미암아 약속들을 기업으로 받는 자들을 본받는 자 되게 하려는 것이라 (히 6:12)

인생의 밑바닥을 경험했지만 오뚝이처럼 다시 일어서서 결국에는 성공한 사람들이 있습니다.

- 최고의 권위를 갖는 영어 사전을 완성하기 위하여 웹스터는 대서양을 두 번이나 건너다니며 자료를 수집했다. 사전 하나를 만들기 위하여 장장 36년을 소비했다. 그렇게 해서 완성된 사전이 바로 웹스터 사전이다.
- 플라톤은 그의 위대한 저서 「공화국」을 저술할 때 맨 처음 문장을 쓰는데 무려 아홉 번이나 고쳐 쓴 뒤에야 비로소 만족했다.
- 로마의 정치가인 세시로는 하루에 한 번씩 친구들 앞에서 연설하는 것을 연습했는데 무려 30년간 계속했다.

- 기본(E. Gibbon)은 「대 로마제국의 타락과 멸망」을 무려 26년간 끈기 있게 집필하여 완성했다.
- 레오나르도 다빈치의 유명한 '최후의 만찬' 은 10년 동안 그린 작품이었다.
- 불후의 명작인 미켈란젤로의 '최후의 심판' 은 8년간 심혈을 기울인 작품이다. 그는 '최후의 심판' 을 그리기 위해 무려 2,000개의 자료를 수집했다.

크고 위대한 것일수록 하루 아침에 이루어지지 않습니다. 만약 위대한 것이 빠르게 이루어졌다면 그것이 더 이상한 일일 것입니다. 무엇이든지 거쳐야 할 과정이 있습니다. 그 과정을 생략하고 성급하게 결과를 이루려고 하는 것은 어리석은 일입니다. 만약 과정이 없이 아름다운 작품이 완성되었다면 그것은 분명 교묘한 속임수입니다.

좋은 것일수록 더디게 이루어집니다. 사람이 태어나서 순간에 온전한 사람이 되는 것은 아닙니다. 한 사람이 온전하게 되려면 수많은 사람이 그와 함께 하고 도움을 주어야 합니다. 그리고 수십 년에 걸쳐 애쓰고 노력해야 튼실한 결실이 이루어집니다.

나무 하나만 봐도 좋은 재목으로 성장하려면 적어도 몇 십 년

걸려야 합니다. 빠르게 성취하는 것에 우리는 쉽게 넘어가고 그런 속임수에 귀가 솔깃해집니다. 기다리고 인내하는 것은 쉬운 일이 아니라 때로는 많은 고통을 감수해야 하기 때문입니다.

그러나 기억하십시오. 무엇이든지 빨리 이루려고 하는 것은 고통 없이 이루려는 얄팍한 욕심에서 나온 우리를 실패하게 만드는 꾀라는 것을 말입니다.

「1%의 가능성을 희망으로 바꾼 사람들」, 이대희

나보다 높은 바위로 나를 인도하소서

※ 하나님은 나의 견고한 요새시며 나를 안전한 곳으로 인도하시며

(삼하 22:33)

사막지대에서 바위의 존재는 절대적입니다. 우선 전쟁할 때 바위는 적의 동태를 잘 관찰할 수 있는 천혜의 감시탑이라 할만합니다.

인생은 전장입니다. 하나의 사건이 지나가면 또 다른 사건이 우리의 안전을 위협합니다. 한시도 맘 놓고 살 수 없는 인생입니다. 사탄이 호시탐탐 틈을 노리기 때문입니다. 그래서 성경은 우리가 깨어 적의 동태를 감시해야 한다고 가르칩니다.

그러나 동시에 바위는 가장 확실한 피난처를 제공합니다. 고대 사막 전쟁에서 전사들은 바위에서 적의 동태를 감시하며 또한 바위를 의지하여 잠깐의 쉼을 얻기도 했습니다. 그래서 자연조건이 좋은 몸을 숨길만한 나보다 높은 바위를 발견하는 것은 고대 전사들이 누리는 가장 큰 행운이었던 것입니다.

이제 이런 바위그림을 그리면서 이 기도를 묵상해 보십시오.

"나보다 높은 바위로 나를 인도하소서."

높은 바위가 제공하는 가장 큰 축복의 하나는 바위가 열사의 사막에서 그늘을 제공한다는 사실입니다. 그래서 믿음의 전사들은 바위 그늘 아래서 주의 장막을 경험했고, 주의 날개를 느낄 수 있었을 것입니다.

시편 기자는 이 달콤한 바위의 안식을 놓치고 싶지 않았습니다. 그래서 이렇게 고백합니다.

"내가 영원히 주의 장막에 머물며 주의 날개 아래 피하리이다."

그러나 바위는 우리에게 달콤한 안식에만 안주함을 기뻐하지 않습니다. 지나가는 그늘과 함께 바위는 우리에게 우리의 소명을 상기시킵니다. 이제 함께 하실 이 높은 바위를 의지하고 나아가 싸워야 할 시간임을 알립니다.

그래서 시편 기자는 이제 나의 매일에서 나의 서원을 이행하며 살겠다고 말합니다. 우리도 시편 기자와 같이 높은 바위로 인도하시는 하나님을 향해 전진해야 합니다. 그리고 전선의 한 복판에서 싸움으로 지쳐갈 때 다시 이 기도를 기억할 것입니다.

"나보다 높은 바위로 나를 인도하소서."

여호와는 나의 목자

※ 그가 나를 푸른 풀밭에 누이시며 쉴만한 물가로 인도하시는 도다

(시 23:2)

미국의 어린 소년 하나가 암을 앓고 있었습니다. 아들의 죽음을 선고받은 그 날부터 엄마는 사랑하는 아들과 함께 성경을 읽기 시작했습니다. 그리고 시편 23편의 내용을 어린 아들에게 설명해 주었습니다.

"여호와는 나의 목자시니" 이 구절을 영어로 읽으면 꼭 다섯 단어입니다. "The Lord is my shepherd."

엄마는 사랑하는 아들의 손을 잡아주고, 손가락 하나하나를 꼽으면서 이 말씀을 가슴에 심어 주었습니다.

특별히 네번째 손가락을 꼽을 때는 아들의 손에 힘을 주어 쥐면서 "하나님이 나의 목자가 되시고 너의 목자가 되신다면 아무 것도 두려워 할 것 없어. 우리를 여기까지 인도하신 하나님이 너를 천국으로 인도하실 거야. 우리가 그 하나님을 나의 목자로,

너의 목자로 신뢰하고 있는 것을 감사해야 해"라고 말했습니다.

두 시간 후, 이 어린 소년은 눈을 감았습니다. 차디차게 식어 가는 아들의 모습을 본 순간 어머니는 깜짝 놀랐습니다. 아들은 죽어가면서 자기의 오른손으로 왼손의 네 번째 손가락을 꼭 쥐고 있었던 것입니다.

어린 소년은 하나님을 의지하고 그 영원한 집을 향해 출발한 것입니다. 사망의 음침한 골짜기에 있을지라도 받을 수 있는 주님의 도움이 있습니다. 그의 지팡이와 막대기로 우리를 보호하실 것입니다. 우리의 상처를 치료하실 것입니다. 새롭게 하실 것입니다. 새 힘을 주실 것입니다.

평안의 길

하나님께 사로잡힌 사람이라는 증거

※ 그러므로 너희는 하나님이 택하자 거룩하고 사랑받는 자처럼 긍휼과 자비와 겸손과 온유와 오래참음을 옷 입고 (골 3:12)

어떤 현자가 제자에게 "모든 일은 결국 온유한 사람의 승리로 끝난다. 어떤 사람이 온유한 사람이겠느냐?" 하고 물었습니다.

제자는 "거친 질문에 부드럽게 답하는 사람입니다"라고 대답했습니다.

그러자 현자는 미소를 지으며 이렇게 덧붙였습니다. "온유는 상대방으로 하여금 자신의 거친 질문과 행동을 후회하게 만든단다."

세상을 고치는 진정한 부드러움은 온유입니다. 그렇다면 이 온유는 어떻게 해야 가질 수 있는 것일까요?

한 가지 확실한 것은 이것은 타고나는 것이 아니라는 것입니다. 그러면 이것은 '저렇게 되어야 해. 이렇게 살아야 해' 하고 열심을 내어야 획득할 수 있는 성품일까요? 아닙니다. 온유는 하나님과의 화목한 관계에서 흘러나오는 덕입니다.

그러므로 온유를 소유하려면 어떤 능력을 구하듯이 접근해서는 안됩니다. 온유함에는 두 가지 특징이 있는데, 첫째는 열심을 담보로 얻을 수 있는 것이 아니라는 것이고, 둘째는 어렵게 소유하였다 할지라도 마음의 평정이 흔들리면 언제든 사라질 수 있는 덕이라는 것입니다.

그래서 우리는 종종 영적인 경험도 많고, 신앙적인 지식도 뛰어나며, 기도도 많이 하는데 온유를 잃고 사는 사람들을 만납니다. 능력이 부어져도, 하나님과의 평강이 없다면 온유는 나타나지 않습니다. 반대로 커다란 능력은 없다 해도, 그의 내면에 하나님과의 놀라운 화목이 있다면 온유는 나타납니다.

다시 말해 온유는 그가 하나님께 사로잡힌, 하나님만을 사랑하는 사람이란 증거인 것입니다. 여러분! 아무리 열심이 있고 탁월한 믿음이 있더라도, 여러분의 인격에 온유가 나타나지 않는다면, 여러분은 스스로의 영적 상태를 신뢰하지 말아야 합니다.

하나님을 누리고 있는 사람의 인격에는 반드시 온유함이 있습니다. 그리고 이 온유함은 단순히 화를 안 내는 것과는 분명히 구별됩니다.

성경을 보십시오. 예수님께서도 노하셔야 할 때는 노하셨습니다. 그러나 어떤 상황에서도 마음의 평정을 잃어버리지는 않으셨습니다.

예수님께서는 그 어떤 상황에서도 온유를 잃지 않으셨습니다. 그리고 그분이 그렇게 살 수 있었던 비결은 그 어떤 일에 있어서도, 하나님이 아닌 일 자체를 목표로 삼으신 적이 없었기 때문입니다.

겸손은 은총의 보금자리

❋ 누구든지 자기를 높이는 자는 낮아지고 누구든지 자기를 낮추는 자는 높아지리라 (마 23:12)

미국 피츠버그의 카네기 그림 전시장에 기묘한 그림 하나가 있습니다.

이 그림은 부활하신 예수님께서 엠마오를 지나던 두 제자에게 떡을 떼어주시는 그림입니다. 두 제자 앞에는 화가의 아내를 그렸는데 무릎을 꿇고 주님을 바라보고 있고, 그 옆에 화가 자신의 모습도 그렸는데 그는 뻣뻣이 서서 불신과 교만의 자세로 예수님을 등지고 있습니다.

이는 하나님께 대한 인간의 태도를 두 가지로 보여주고 있습니다. 무릎을 꿇고 하나님을 섬기는 사람과 불신과 교만으로 하나님을 등지는 사람입니다.

인간의 교만이 문제입니다. 잘되는 것 같다가 실패하고, 올라

가다가 떨어지고, 가다가 넘어지는 이유는 다른 데 있는 것이 아닙니다. 하나님 앞에서 무릎을 꿇는 자가 복을 받는다는 사실을 망각하기 때문입니다.

모든 죄의 근본이 교만이며, 모든 불행의 원인이 교만이며, 모든 실패의 뿌리 또한 교만에서 비롯됩니다.

앤드류 머레이는 "겸손은 은총의 보금자리이다"라고 말했습니다. 하나님의 은총은 강물이 낮은 곳으로 흐르듯이 겸손한 마음에 임하는 것입니다. 하나님께서는 말씀하십니다.

"나를 존중히 여기는 자를 내가 존중히 여기고 나를 멸시하는 자를 내가 경멸하리라." (삼상 2:30)

「새 힘을 주시는 하나님」, 유의웅

내려올 때의 태도로

✶ 교만은 패망의 선봉이요 거만한 마음은 넘어짐의 앞잡이니라

(잠 16:18)

교만한 사람들은 자기 자신의 중요성에 대하여 과장된 생각들을 가지고 있습니다. 그들의 제일 큰 관심은 자기 자신입니다. 이것은 마치 파리 한 마리가 달리는 마차의 바퀴에 앉아서 "와, 내가 만들어내는 저 먼지 좀 봐!'라고 하는 것과 마찬가지입니다. 교만은 그리스도인에게 있어서 가장 무서운 적들 가운데 하나입니다.

A. 토저는 "겸손은 천연기념물만큼이나 찾아보기 어렵다"라고 말했습니다. 크낙새를 찾기 어려운 만큼이나 겸손도 찾기 어려운 것입니다.

스코틀랜드의 한 젊은 목사 이야기가 있습니다. 그는 자신감에 가득 차서 교만한 태도로 강대상에 올라갔습니다. 그러나 그

의 설교는 그야말로 다량의 수면제 역할밖에 하지 못했습니다. 설교는 완전 실패였습니다.

그가 낭패감에 젖어 강대상에서 내려오자 나이가 지긋하신 한 여자 성도가 풀이 죽어 강대상에서 내려오는 목사에게 "이봐요, 젊은 목사님, 만일 당신이 내려올 때의 그 태도로 겸손하게 강대상에 올라갔더라면 올라갈 때의 그 모습으로 내려올 수 있었을 텐데요"라고 말했습니다.

교만하고 잘난 체하는 사람들은 경건한 자아상을 갖고 있지 못한 사람들입니다. 만일 우리가 하나님이 보시는 대로 우리 자신을 보게만 된다면 우리는 겸손해지지 않고는 배길 수 없을 것입니다.

「어떻게 사랑할 것인가」, 조지 스위팅

소망만큼 젊으며 절망만큼 늙은 것이다

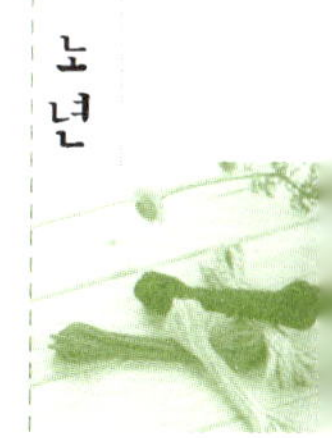

※ 하나님이 말씀하시기를 말세에 내가 내 영을 모든 육체에 부어 주리니 너희의 자녀들은 예언할 것이요 너희의 젊은이들은 환상을 보고 너희의 늙은이들은 꿈을 꾸리라 (행 2:17)

사람은 나이를 먹는다고 늙는 것이 아닙니다. 사람은 자기 이상을 잃어버릴 때 늙습니다. 세월은 피부의 주름살을 늘게 하지만 잃어버린 열정은 영혼을 주름지게 합니다. 염려, 의심, 불신, 두려움, 절망 등 이런 것들이 사람을 늙게 하고 자라가는 영혼을 흙으로 돌아가게 합니다.

70세가 되었든 17세가 되었든 모든 사람의 마음에는 다음과 같은 것이 있습니다.

기이한 것에 대한 사랑, 별이나 별처럼 반짝이는 생각들에 대한 경탄, 굽힐 줄 모르는 도전 의식, 인생의 게임에서 이 다음에 올 것은 무엇인가 하며 어린 아이처럼 기대하는 마음 등.

당신은 당신의 믿음만큼 젊고 당신의 의심만큼 늙은 것입니다. 당신은 당신이 그리스도 중심의 자신감을 가지고 있는 것만큼 젊으며 두려워하고 있는 것만큼 늙은 것입니다.

당신은 당신이 가지고 있는 소망만큼 젊으며 당신이 가지고 있는 절망만큼 늙은 것입니다.

「아직은 미완성」, 바이올라 왈덴

하나님의 뜻을 행하는 태도

※ 그러므로 누구든지 나의 이 말을 듣고 행하는 자는 그 집을 반석 위에 지은 지혜로운 사람 같으리니 비가 내리고 창수가 나고 바람이 불어 그 집에 부딪치되 무너지지 아니하나니 이는 주추를 반석 위에 놓은 까닭이요 (마 7:24,25)

순종은 거룩함의 길입니다. 순종 자체가 거룩함이 아닙니다. 그러나 하나님의 뜻을 받아들이고 그것을 행하고자 할 때, 하나님은 자신과 자신의 거룩하심을 전달하십니다.

하나님의 말씀에 순종하는 것은 그분이 자신과 자신의 복된 본성을 거룩하신 자로서 충만하게 계시하시고 전달하시기 위해 인도하시는 대로 그분을 따라가는 것입니다. 순종은 하나님의 뜻을 아는 것이 아닙니다. 순종은 그것을 인정하는 것도 아니고 그것을 행하려고 마음먹은 것도 아닙니다. 순종은 오직 하나님의 뜻을 행하는 것입니다.

그리스도 안에서 거룩하십시오. 그리스도는 순종하심으로써,

즉 하나님의 뜻을 행하심으로써 자신을 거룩하게 하셨습니다. 그리고 그분이 행하신 그 뜻 안에서, 우리도 거룩하게 되었습니다.

하나님의 뜻이 그리스도로 말미암아 이루어졌다는 사실을 받아들이고 그분을 받아들일 때, 나는 거룩하게 됩니다. 그리고 하나님의 뜻이 나로 말미암아 이루어질 것이라는 사실을 받아들일 때, 나는 거룩하게 됩니다.

나는 그리스도 안에 있습니다. 그러므로 나는 순종의 모든 행위를 통해, 그리스도와 생생한 교제를 나누고 그리스도의 생명의 능력을 내 속으로 끌어들입니다.

순종은 하나님의 음성을 듣는 데 있습니다. 하나님의 뜻을 다 알고 있다고 생각해서는 안 됩니다. 오직 성령님의 내면적인 가르침을 구하고 기다리십시오.

「거룩, 이제는 거룩한 그리스도인으로」, 앤드류 머레이

불순종은 죄다

※ 아들을 믿는 자에게는 영생이 있고 아들에게 순종하지 아니하는 자는 영생을 보지 못하고 도리어 하나님의 진노가 그 위에 머물러 있느니라 (요 3:36)

죄가 나쁘다는 것을 모르는 사람은 거의 없습니다. 그러나 죄가 무엇이냐고 물었을 때 명확한 대답을 할 수 있는 사람은 매우 드뭅니다. 지피지기면 백전백승이라고 했는데, 우리는 우리가 맞서 싸워야 할 죄에 대해 너무나 무지합니다.

그러면 과연 성경이 말하는 죄는 무엇일까요? 첫째는 하나님의 명령을 적극적으로 거역하고 불순종하는 것이며, 둘째는 하나님의 법에 온순히 순종하기에 모자라는 것입니다.

우리에게 죽음이라는 질병을 가져다 준 죄라는 병원균의 정체는 바로 불순종이었습니다. 그러나 우리는 어리석게도, 이것을 인간의 어쩔 수 없는 연약함이라고 핑계하며 대수롭지 않게 생각할 때가 많습니다.

그러나 성경은 우리가 적극적으로 거역하는 것은 물론, 능력이 모자라 온전히 순종하지 못하는 것 역시 죄라고 말합니다.

하나님의 뜻을 온전히 청종하지 못하는 우리의 모습은 어쩔 수 없는 연약함이 아니라, 죄입니다. 그 죄를 떠나십시오. 그것이 바로 우리의 마땅히 행할 바입니다.

십자가를 통한 중생의 경험

※ 십자가의 도가 멸망하는 자들에게는 미련한 것이요 구원을 받는 우리에게는 하나님의 능력이라 (고전 1:18)

'설교의 왕자'라고 일컬어지는 세계적으로 유명한 스펄전 목사님이 있습니다. 이 목사님은 설교를 할 때 적어도 설교의 90퍼센트가 그리스도의 십자가가 나오지 않으면 가슴이 답답해서 견딜 수 없다고 고백했습니다. 스펄전 목사님의 설교는 그래서 영광스런 그리스도의 십자가와 그리스도께 항상 집중되어 있습니다.

스펄전 목사님이 하루는 이런 간증을 했습니다.

"어느 날 성경을 조용히 묵상하다가 십자가 장면이 나왔는데, 제 마음 속에 감격이 없었습니다. 그래서 저는 울기 시작했습니다. '주님, 나를 구원한 이 십자가의 사건 앞에서 왜 내 마음 속에 감격이 사라졌습니까? 날마다 들어도 마르지 말아야 할 감격의 샘터, 그것이 십자가 앞이어야 합니다.'"

우리가 십자가를 향한 감격을 상실했다면 우리의 신앙은 무엇인가 근본적으로 잘못되어 있는 것입니다. 왜냐하면 이보다 더 영광스런 것이 없기 때문입니다. 십자가 없는 기독교는 기독교가 아니기 때문입니다. 십자가 없이는 죄 사함이 없기 때문입니다. 십자가 없이는 우리의 새로운 삶이 없기 때문입니다.

그래서 바울 사도는 이렇게 고백하였습니다.

"그러나 내게는 우리 주 예수 그리스도의 십자가 외에 결코 자랑할 것이 없으니 그리스도로 말미암아 세상이 나를 대하여 십자가에 못 박히고 내가 또한 세상을 대하여 그러하니라."(갈 6:14)

무슨 말입니까? 십자가를 통해서 자신과 세상은 단절되었다는 것입니다. 즉 십자가를 통해 이전 세상에 대해서는 죽고 새로운 세상에서 전혀 새로운 삶을 살고 있다는 것입니다. 예수 그리스도의 십자가 때문에 자신과 세상은 영원히 분리되었다는 것입니다.

자신은 세상의 잘못된 모든 생각, 그릇된 모든 일들, 어그러진 모든 것들을 매장하고 십자가를 통해 새롭게 잉태된 자로 새 생명 가운데 산다는 것입니다. 이처럼 새로운 생명으로의 약동의 역사는 십자가를 붙들고 살아가는 모든 자들 가운데 변함없이 이루어질 일입니다.

『*생명의 삶*』

내가 이곳에 왔었노라

✳✳ 또 떡을 가져 감사 기도 하시고 떼어 그들에게 주시며 이르시되 이것은 너희를 위하여 주는 내 몸이라 너희가 이를 행하여 나를 기념하라 하시고 (눅 22:19)

몇 년 전 중국에 갔을 때, 만리장성에 올라가 성벽을 따라 걸어본 적이 있습니다. 넓은 경사로를 오르면서 지평선을 바라보았습니다. 지평선에서 눈을 돌리다가 손에 닿을 듯 가까이에 있는 무언가가 눈에 띄었습니다.

그것은 성벽을 이루는 벽돌 하나하나마다 펜으로 쓰거나 새겨 놓은 낙서들이었습니다. 전세계 언어로 쓰여진 글씨였습니다. 이런 식이었습니다. "날 기억하세요. 내가 여기 왔었답니다." 그곳을 찾은 방문객들이 나중에 이곳을 찾을 다른 이들을 위해 기념으로 남겨놓기라도 한 듯.

그러다 외딴 곳에서, 무른 돌에 새겨 넣은 전혀 뜻밖의 낙서를 보았습니다. 그것은 십자가였습니다.

나는 몇 가지 이유로 다소 놀랐습니다. '이 십자가는 언제부터 여기 있었을까?' 궁금했습니다. 몇 백 년이 지났을까요? 그리스도가 태어나기 3백 년 전, 중국 황제는 침략자들로부터 나라를 방어할 목적으로 이 만리장성을 쌓기 시작했습니다. 그때부터 이미 십자가는 그곳에 자리하고 있었던 것은 아닐까요?

생각이 거기에까지 미치자, 보다 놀라운 질문이 떠올랐습니다. '사람들이 십자가 형상을 볼 수 없는 곳이 지금 이 지구상 어디에 있을까?

구세주의 고난과 부활을 상징하는 이 세계적인 상징물은 어디에나 그 흔적이 남아 있습니다. 나의 마음속에도. 나의 세상 속에도.

그 십자가를 통해 지금도 예수님께서 말씀하고 계십니다.

"나를 기억하라. 내가 이곳에 왔었노라."

「다시, 십자가」, 마이클 카드

수천 마리의 돼지보다 귀한 한 영혼

❋❋ 만일 어떤 사람이 양 백 마리가 있는데 그 중의 하나가 길을 잃었으면 그 아흔아홉 마리를 산에 두고 가서 길 잃은 양을 찾지 않겠느냐 진실로 너희에게 이르노니 만일 찾으면 길을 잃지 아니한 아흔아홉 마리보다 이것을 더 기뻐하리라 (마 18:12,13)

뉴기니아의 산에는 세상에서 가장 낙후된 종족들이 살고 있습니다. 그 사람들은 이제 겨우 석기(石器) 시대를 벗어나고 있습니다. 어떤 사람이 그들의 문화를 '돼지 문화'로 묘사한 적이 있습니다.

그들은 누구나 돼지를 기르고 있습니다. 한 젊은 청년이 결혼하려고 할 때 돼지는 신부 값의 일부로 사용됩니다. 악령들의 노여움을 풀 때 돼지는 제물로 사용됩니다. 연중행사로 치루는 '싱-싱(Sing-Sing)' 축제 때 돼지는 수십 마리씩 도살되어 음식의 재료가 됩니다. 그 사람들은 돼지를 너무도 좋아해서 자기 아이들처럼 기르기도 합니다. 만일 돼지의 어미가 갑자기 죽을 경우에는 여인이 작은 돼지를 가슴에 품고 젖을 먹이는 것도 흔한 일이었습니다.

몇 년 전, 위클리프 성경번역사회(Wycliffe Bible Translators)에 소속된 한 부부가 복음서들을 그 종족들 중 한 종족의 언어로 번역하는 일을 진행했습니다. 거라사 지방의 귀신들린 사람의 이야기 번역을 마쳤을 때, 선교사들은 사람들을 모아 놓고 그들에게 그들의 모국어로 그 이야기를 읽어 주었습니다.

예수님이 귀신들에게 돼지 떼에게 들어가라고 명령하셨고, 또 그 돼지 떼가 바다 속으로 달려 들어가 익사했다는 말씀을 들은 그는 선교사들에게 외치기를, "이천 마리의 돼지라고요? 그것은 엄청난 수의 돼지입니다. 당신의 말은 예수님이 한 사람을 이천 마리의 돼지들보다 더 많이 생각하셨다는 이야기입니까?"라고 했다고 합니다.

이 사람들이 비록 원시적으로 살고 있다고는 하지만, 그들은 이 신유의 기적 이야기에서 참으로 중요한 의미를 포착하였습니다. 예수님은 실제로 한 사람을 이천 마리의 돼지들보다 더 큰 사랑으로 돌보십니다.

사람의 복지와 구속이 그분에게는 온 세상만큼이나 가치가 있습니다. 주님은 한 영혼이 천하보다 귀하다는 말씀을 하시면서 주님께로 오는 그 한 영혼의 존귀함의 가치를 말씀하셨습니다.

　우리가 생각해야 할 것은 오직 그 영혼을 향해 기도하고 말씀을 전해야 하며 존귀한 가치를 깨닫도록 도와주어야 한다는 것입니다. 우리는 주님의 한 영혼을 향한 지상명령을 기억해야 합니다.

「날마다 솟는 샘」, J. T. 시먼즈

하나님과의 만남을 통한 영성 훈련

❋ 하나님이여 사슴이 시냇물을 찾기에 갈급함같이 내 영혼이 주를 찾기에 갈급하니이다 내 영혼이 하나님 곧 살아계시는 하나님을 갈망하나니 내가 어느 때에 나아가서 하나님의 얼굴을 뵈올까 (시 42:1,2)

예수님을 구주로 믿고 구원받아 하나님의 자녀로 살아가는 사람은 언제나 두 가지 사실을 기억해야 합니다.

하나는 육체적으로 이 세상에 존재하고 있다는 것입니다. 어떤 신자는 예수님을 믿은 다음부터 이 세상을 인정하지 않으려고 합니다. 이 세상은 멸망 받을 세상이기 때문에 세상과 단절하고 살아야 한다고 말합니다.

언뜻 보기에는 대단한 신앙을 소유한 것 같지만 그것은 틀린 말입니다. 그리스도의 삶을 잘못 이해한 것입니다. 세상과 단절하고 산다면 우리 믿는 사람들은 세상에 대하여 아무런 책임의식이나 선교적 사명을 할 수 없다는 결론이 나옵니다.

바울 사도는 우리의 시민권은 하늘에 있다고 말했습니다. 세상은 나그네의 삶이라고 말합니다. 세상에 살고 있지만 영원히 이 땅에 살 수 없다는 것입니다. 여기에 그리스도인의 영성 이해가 요청됩니다.

영성이란 이 세상에서 신앙인이 하늘을 소망하며 살아가는 삶을 말합니다. 혹자는 영성생활을 이 세상과 동떨어진 또 다른 세계에 대한 동경이라고 인식하고 있는데 그렇지 않습니다. 먼저 영성이란 하나님과의 바른 관계를 매일 확인하는 작업입니다. 이것은 하나님을 닮아가려는 성도의 삶 자체를 말합니다.

성도의 영성은 특별한 것이 아니라 보편적입니다. 누구든지 예수님을 구주로 영접하고 살아가는 사람이 영성적인 사람입니다. 그러기에 영성을 특별한 데서 찾을 이유가 없습니다.

영성의 근거는 성경에 있습니다. 가장 가까운 데에 있는 것이지요. "그들이 날마다 성전에 있든지 집에 있든지"(행 5:42)라고 말합니다. 이 말은 교회의 모임이나 집안에서 가족과 있을 때나 '예수는 그리스도라' 고 가르치기와 전도하는 것을 쉬지 아니했다는 것입니다. 이것이 참된 영성 생활의 모습입니다.

그러기에 말씀을 묵상하며 공부하는 것을 게을리 하지 말아야 합니다. 또한 기도생활입니다. 기도는 하나님의 뜻을 따르겠다는 순종이며 결단입니다. 세상에서 가장 어리석은 사람은 예수님을 믿으면서 기도 없이 살아가는 사람입니다. 이런 사람은 영성생활을 기대해서는 안됩니다.

영성이란 다른 사람들 틈바구니에 편승하여 얻어지는 것이 아닙니다. 영성은 철저하게 하나님과의 개인적인 관계입니다. 말하자면 1대1일 때에 성립됩니다. 특히 영성훈련을 대중적인 교육정도로 생각하면 영성 자체를 격하시키는 일이며 평가절하시키는 행위입니다.

하나님과 독대하는 자리를 만드십시오. 그리고 하나님과 깊은 대화를 나누시면서 그 분의 뜻을 빨리 파악하십시오. 성경대로 가르침을 받은 대로 나아가서 전도하는 것이 바른 영성생활입니다.

「매일 큐티」

시기는 탐욕과 자기중심주의의 자식

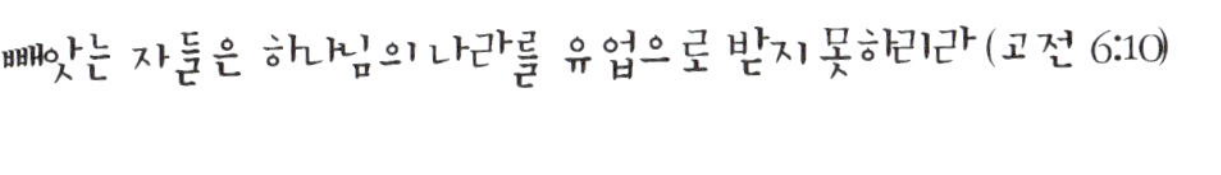

✽ 도적이나 탐욕을 부리는 자나 술 취하는 자나 모욕하는 자나 속여 빼앗는 자들은 하나님의 나라를 유업으로 받지 못하리라 (고전 6:10)

시기는 탐욕과 자기중심주의의 자식입니다.

탐욕적인 사람을 멕시코의 첼탈 족은 '작은 마음을 가진 사람'이라 하고, 시기하는 사람을 '욕심 많은 마음을 가진 사람'이라고 합니다.

'작은 마음'과 '욕심 많은 마음'은 항상 동행합니다. 그리고 그 영혼은 욕심에 비례하여 축소됩니다. 시기하는 사람은 만족할 때가 있을 수 없습니다. 왜냐하면 그는 자신의 만족시킬 수 없는 자아를 끊임없이 좇아가기 때문입니다.

남부 멕시코 습지 티바스코에 사는 촌탈 인디언은 시기를 독특하게 표현합니다. 그들은 자기 이웃을 시기하는 사람을 가리켜 "그는 자기 이웃 보기를 싫어하는 사람이다"라고 말합니다.

사람들은 자신들만 가졌다고 생각하는 특권을 남들도 갖게 되

"

는 것을 싫어합니다. 시기하는 사람은 남의 즐거움을 보려 하지 않습니다.

그렇다면 인간 불행의 마지막은 어디입니까? 그것은 죽음입니다. 이웃이 불행의 극에 달해 죽음에 이를 때 그를 시기하는 자의 시기도 끝이 납니다. 그러므로 이들이야말로 '이웃 보기를 싫어하는 사람' 입니다.

다른 말로 한다면 이웃이 죽기를 바라는 사람입니다. 인간 탐욕의 종말이 무엇을 원하는가를 알았을 때 우리는 회개하지 않을 수 없습니다.

『교회사에서 골라낸 1882가지 신앙 이야기』

질투의 감정을 극복하라

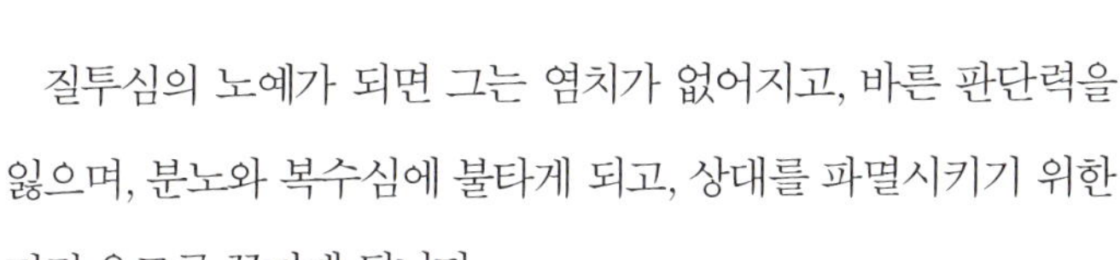

※ 오직 각 사람이 시험을 받는 것은 자기 욕심에 끌려 미혹됨이니 욕심이 잉태한즉 죄를 낳고 죄가 장성한즉 사망을 낳느니라 (약 1:14,15)

질투심의 노예가 되면 그는 염치가 없어지고, 바른 판단력을 잃으며, 분노와 복수심에 불타게 되고, 상대를 파멸시키기 위한 거짓 음모를 꾸미게 됩니다.

질투심의 희생물이 되어서 평생을 비참하고 불안하게 살아갔던 인물이 있습니다. 그가 바로 사울 왕입니다. 그는 원래 아주 순수하고 잘 생기고 키가 큰 시골 청년이었습니다. 그는 사무엘 선지자의 기름 부음과 백성의 제비뽑기를 통해서 이스라엘의 초대 왕이 되었지만 다윗을 질투하는 마음의 노예가 되어 평생동안 사위인 다윗을 추격하며 그를 죽이려 했습니다. 결국 그는 블레셋과의 전투에 패하고 스스로 자결하는 말로를 맞이하게 됩니다.

그의 질투는 아주 사소한 일에서 출발되었습니다. 어린 목동 다윗이 이스라엘을 모욕하는 블레셋의 장군 골리앗에게 승리하고 돌아왔을 때 이스라엘 백성들이 "사울이 죽인 자는 천천이요, 다윗은 만만이로다"(삼상18:7)라고 노래한 것이 그의 질투심을 자극하고 언젠가 다윗이 자기의 왕위를 빼앗을 것이라는 불안감에 사로잡히게 만듭니다.

질투로 인해 사울은 모든 생의 즐거움을 빼앗겨버리고, 그가 일구어놓은 왕국을 일순간에 허물어버리고 말았습니다.

그러면 우리가 질투의 감정을 극복하려면 어떻게 해야 할까요?

첫째로, 우리는 각기 다른 모습과 재능으로 태어났음을 인정해야 합니다. 하나님께서는 모든 인간들을 똑같이 만들지 않으셨습니다. 예술가 되신 하나님의 작품으로 우리가 태어났다면 남의 것을 부러워 말고 내가 받은 것에 감사하는 마음을 가져야 합니다.

둘째로, 서로를 사랑하고 축복해야 합니다. 하나님이 그에게 주신 복에 대하여 기뻐하고 오히려 축복할 수 있는 관계가 되어야 합니다. 질투 대신 서로를 사랑하고 용서하며 축복하는 우리들이 되어야 합니다.

「매일 큐티」

욕망은 본성이 아니다

✽ 그러므로 땅에 있는 지체를 죽이라 곧 음란과 부정과 사욕과 악한 정욕과 탐심이니 탐심은 우상 숭배니라 (골 3:5)

욕망에 대해 우리는 자주 그것을 '본성'이라고 말합니다. 그러나 엄밀히 말해서 이것은 틀린 말입니다.

더 가지려는 이기적 욕심, 다른 사람을 지배하려는 욕심, 더 편하게 살기 원하는 욕심, 혹은 오감(五感)을 만족시키려는 욕심이 인간의 본성입니까?

'본성(本性)'이라는 말은 한자 뜻 그대로 '본래 인간에게 주어진 바탕'을 뜻합니다. 하나님이 인간을 창조하셨을 때 그런 이기적 본성을 우리에게 심어 주셨습니까? 그것이 하나님의 의도였습니까?

그렇지 않습니다. 하나님이 인간을 창조하셨을 때 인간에게는 이기적 욕망이 없었습니다. 하나님의 형상으로 지음 받는 인간은 하나님의 사랑 가운데 다른 피조물과 함께 조화를 이루어 더

불어 살아가는 거룩한 본성을 가지고 있었습니다.

이기심은 인간이 하나님을 떠남으로 인해 생겨났습니다. 인간이 하나님을 떠나자 새로운 삶의 중심이 필요했고, 그 자리를 채운 것이 '자아'였습니다. 자아는 삶의 중심이 될 만한 능력이 없는데 그 자리를 차지하게 되니 문제가 생긴 것입니다.

라인홀드 니버(Reinhold Neibuhr)는 하나님을 떠난 인간이 왜 감각적인 만족을 추구하게 되었는지를 잘 분석하고 있습니다.

자아는 (삶의 중심이 됨으로 생기는 불안감을 없애기 위해) 자신으로부터 도망하기를 원합니다. 그래서 그 불안감에서 오는 내적 긴장을 잠시라도 잊게 해줄 수 있는 일에 자신을 던집니다. 한 개인의 실존에서 중심이 되기에 자신이 부적합하다는 사실을 아는 자아는 외형상으로 자신의 수하에 있는 자연의 다양한 세력과 충동들 가운데서 섬길 신을 찾습니다.

그것이 술취함이든 포식이든 성적 탐닉이든 사치든 혹은 다른 어떤 물질적 탐닉이든, 감각적 추구는 언제나 다음과 같은 성격을 공유합니다.

첫째, 자기 사랑의 연장인데, 결국은 자신의 목적을 이루지 못합니다.

둘째, 자아 밖에 있는 사물이나 사람에게서 섬길 신을 찾음으로써 자아의 감옥으로부터 도피하려는 노력입니다.

셋째, 죄가 무의식적인 형태로 만들어낸 혼란으로부터 도피하려는 노력입니다.

니버는 이기적 욕망과 물질적인 것으로 욕망을 채우려는 경향이 본성이 아니라 타락함으로 생겨난 '제2의 본성'임을 분명히 합니다. "죄된 욕망은 본성이 아니라 본성의 질병이다"라는 어거스틴의 말이 옳습니다.

욕망은 인간성의 자연스러운 요소가 아닙니다. 이기심과 물질적 욕망을 인간의 본성이라고 본다면 그 욕망을 위해 사는 삶도 자연스럽고 아름답다고 보게 될 것입니다. 그러나 욕망은 당연하게 받아들여야 할 본성이 아니라 치료해야 할 질병입니다.

그렇다면 기독교 신앙이 근본적으로 금욕적 성격을 가진다는 점은 이론의 여지가 없습니다.

하나님은 그분의 자녀들이 행복하기를 원하시지만 이기적 욕망을 채우는 데서 행복을 찾는 것은 원치 않으십니다. 그분과 다시 하나가 되어 삶의 중심에 그분을 모셔들임으로 그 질병을 근원적으로 치료하고 이기심과 욕망에서 해방되기를 바라십니다.

하나님의 영의 도우심으로 감각적 욕망을 잘 통제하여 "정욕 때문에 세상에서 썩어질 것을 피하여 신성한 성품에 참여하는 자"(벧후 1:4)가 되시기 바랍니다.

「바늘귀를 통과한 부자」, 김영봉

더하여 주시는 분

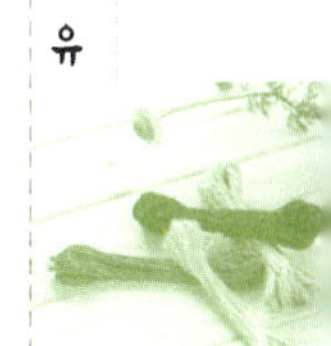

※ 그러나 보라 내가 이 성읍을 치료하며 고쳐 낫게 하고 평안과 진실이 풍성함을 그들에게 나타낼 것이며 (렘 33:6)

예수님은 사람들을 유익한 삶으로 회복시키시는 일을 하고 계십니다.

현대의 역사는 그리스도께서 회복시키시는 사역에 대한 증거들로 가득합니다. 우리는 포로가 되어 노예로 팔렸던 나이지리아의 아드재 크로더(Adjai Crother)를 생각하게 되는데, 그리스도는 그를 자유롭게 하시고 변화시키셔서 그를 첫번째 목사요 감독으로 요루바 족에게 되돌려 주셨습니다.

우리는 또한 35명의 사람을 살해하고 노예로 팔렸던 미얀마 산지의 고타뷰(Ko Tha Byu)를 기억합니다. 그리스도는 그를 구속하셔서 첫번째 전도자로 그의 카렌족에게 되돌려 주셨습니다.

그리고 사탄과 마약의 노예였던 미국의 마이크 워른키(Mike Warnke)를 기억하게 되는데, 그리스도는 그를 구속하여 증인과 친구로 사회에 되돌려 주셨습니다.

그리고 워터게이트(Watergate) 사건으로 불명예를 당하고 감옥에 들어갔던 찰스 콜슨, 그리스도는 그의 삶을 구속하셔서 전도자와 개혁자로 미국인에게 되돌려 주셨습니다.

죄인이었지만 하나님께서 일하시니 의인이 된 것입니다.

「날마다 솟는 샘」, 존 *T.*시먼즈

아무것도 아님에도 불구하고

※ 그가 네 모든 죄악을 사하시며 네 모든 병을 고치시며 (시 103:3)

치유를 위해 사랑을 받아들이는 것은 아주 중요합니다. 그러나 이는 자기 사랑을 받아들이는 것이 아니라 하나님의 사랑을 받아들이는 것입니다.

만일 당신의 모습이나 당신이 하고 있는 일이 마음에 들지 않는다면, 혹은 원수 사탄이 당신 마음 문을 두드리면서 당신의 귓가에 당신은 아무것도 아니라고 속삭이고 있다면, 당신은 사탄에게 "나도 너의 생각에 동의한다"고 말씀하십시오. 그리고 그 원수에게 "예수 그리스도를 떠나서는 나는 아무것도 아니며, 영원한 가치가 있는 것은 아무것도 없다"라고 진리를 말해주십시오.

또한 사탄에게 당신이 아무것도 아님에도 불구하고 하나님이 당신을 사랑하신다고 말해주십시오. 사탄에게 하나님은 당신이 생긴 그대로 당신을 받아주신다고 말하십시오.

그리고 사탄에게 하나님은 하나님의 형상으로 당신을 바꾸어 가는 과정에서 영원한, 무조건적인 사랑으로 당신을 사랑하신 다고 선포하십시오. 사탄에게 당신은 하나님의 사랑 안에서 안 전하다고 말하십시오.

왜냐하면 "당신에게 주신 성령으로 말미암아 하나님의 사랑 이 당신의 마음에 부은바 되었기 때문" 이라고 말하십시오. 그리 고 그 어느 것도 "우리를 우리 주 그리스도 예수 안에 있는 하나 님의 사랑에서 끊을 수 없으리라" 고 선포하십시오.

「영적 치유」, 케이 아더

하나님 안에서 얻는 평안

※ 여호와께서 자기 백성에게 힘을 주심이여 여호와께서 자기 백성에게 평강의 복을 주시리로다 (시 29:11)

우리는 딸아이를 낳고 그 애에게 몇 년 전부터 생각해 온 호프(Hope)라는 이름을 지어 주었습니다. 그런데 그 아이가 태어나자마자 의사는 몇 가지 문제가 있다고 했습니다.

호프는 두 손이 바깥쪽으로 뒤틀려 있었고, 턱은 평평했으며, 한쪽 귓불은 움푹 패어 있었습니다. 호프를 검진한 유전학자는 호프가 신진대사에 장애를 일으키는 젤웨거(Zellweger) 증후군이 있다며, 이 병을 앓는 대부분의 아이들은 200일 안에 죽는다는 충격적인 말을 했습니다.

치료법은 없고 회복이 불가능하며 생존자는 한 명도 없었다는 것이었습니다. 그 순간 내 몸의 모든 공기가 빠져나가는 것 같았습니다.

내 남편과 나는 199일을 우리 딸 호프와 같이 보냈습니다. 우리는 그 아이를 사랑했고, 호프와 함께 했던 날들이 행복했습니다.

호프를 묻고 난 다음날, 남편은 이렇게 말했다.

"우리는 호프가 천국에 간 것을 알기에 안심할 수 있지. 하지만 우리의 믿음이 호프를 잃은 고통을 덜어 주지는 않는 것 같군."

호프가 죽고 나서 가장 가기 힘든 곳은 교회였습니다. 하나님 께 무조건 감사하고 찬양하는 것이 거짓말하는 것처럼 생각되 었기 때문입니다.

그러나 나는 욥의 이야기를 읽고 너무나 놀랐습니다. 욥이 모 든 것을 잃고 제일 처음 한 일은 슬퍼하며 자신의 고통을 표현하 는 것만이 아니라, 땅에 엎드려 하나님께 예배를 드렸던 것이었 습니다.

고통과 슬픔 중에 드리는 예배를 통해 나 스스로는 아무 능력 이 없음을 깨닫게 되며, 오직 하나님의 능력과 풍성하심만이 우 리의 빈자리를 채운다는 것을 알았습니다. 그리고 평안을 찾았 습니다.

「비밀」, 낸시 거스리

내가 평안을 너희에게 주노라

※ 여호와를 경외하는 자 누구냐 그가 택할 길을 그에게 가르치시리로다 그의 영혼은 평안히 살고 그의 자손은 땅을 상속하리로다

(시 25:12,13)

사람들이 세상을 살아가면서 제일 원하는 것 중의 하나가 평안입니다. 평안은 영어로는 '피스(Peace)' 라고 하고, 히브리어로는 '샬롬(Shalom)' 이라고 하고, 헬라어로는 '에이레네' 라고 합니다.

평안이란 뜻은 아무 사고가 없이 마음이 안락하고 온화한 것입니다. 특히 '샬롬' 이라고 하는 말은 평화를 뜻하는 단어입니다. 이 말은 안전하고 결점으로부터 자유하고 평화롭다는 의미를 가지고 있습니다.

또한 신약에서 사용되고 있는 '에이레네' 는 가장 넓은 차원에서 사용되어지는 말인데 만물의 정상적인 상태를 가리키는 말이며 인간의 종말론적인 차원의 구원에 대하여서 쓰여지고 있습니다. 또 '에이레네' 는 다른 사람들과의 평화와 하나님과의 화목한 관계를 말할 때에 사용되어지기도 한 말입니다.

이러한 의미를 가지고 있는 말 평안은 처음이나 나중의 인사말로 사용되어지고 있으며 축복하는 말로 사용되어지고 있습니다.

즉 민족과 민족 사이에서 전쟁이 멈추어 있는 상태를 말할 때에 평안이라는 말을 사용하며 개인과 개인 사이에 불화가 없을 때에 평안이라는 말을 사용합니다. 그리고 번영과 건강한 상태를 표현할 때에도 평안이라고 하며 소음이나 동요가 없는 상태에서도 이 말을 사용합니다.

특별히 신약성경에서 사용되어진 '에이레네' 는 영혼의 평화를 말하고 있습니다. 요한사도가 말하기를 영혼이 잘됨과 같이 범사가 잘되고 강건하기를 원한다는 말(요삼 1:2)은 곧 영혼의 평안이 넘치기를 바란다는 뜻입니다.

예수님께서 "평안을 너희에게 끼치노니 곧 나의 평안을 너희에게 주노라 내가 너희에게 주는 것은 세상이 주는 것과 같지 아니하나라 너희는 마음에 근심하지도 말고 두려워하지도 말라"(요 14:27)고 말씀하셨는데 이는 곧 진정한 평안을 주겠노라고 하는 말씀입니다.

이러한 평안을 주겠노라고 하신 예수님은 진정한 평강의 왕입니다. 인간들은 본능적으로 평안을 원합니다.

S.T.콜리치는 "평화는 세계의 모든 축복 중에서 가장 가치있는 것"이라고 하였고, T.리비우스는 "장래에 기대하는 승리보다 지금 확실하게 가질 수 있는 평화가 더 좋다"라고 했습니다.

세상 속에 진정한 평안이 없다고 할지라도 인간의 마음속만은 진정한 평안으로 잔잔할 수가 있습니다.

「말씀의 징검다리」, 김동수

함께 손잡고 걷는 길

** 모든 사람과 더불어 화평함과 거룩함을 따르라 이것이 없이는 아무도 주를 보지 못하리라 (히 12:14)

　　존 노에는 연합의 진리란 교만과 자존심을 버리고 서로 손을 잡고 걸어가도록 해준다고 말합니다.

　　그는 어릴 때 자신이 친구들과 뜨거운 여름 날 철길 위를 걷던 추억을 떠올렸습니다. 철길을 걷는 방법은 침목 위로 걷거나 침목을 피해서 걷거나 철길 위로 걷는 것, 세 가지가 있습니다.

　　철길 위로 걸어갈 때에는 중심을 잘 잡고 발걸음을 옮겨야 하는데, 제대로 하는 사람이 거의 없었습니다. 그래서 존과 친구들은 철길 위에서 떨어지지 않고 1km 이상 걸어갈 수 있는 방안을 생각했습니다. 존은 이쪽 철길 위에 서고 친구는 저쪽 철길 위에 섰습니다. 그들은 서로의 팔을 의지하며 굳게 잡았습니다. 그러자 그들은 철길 위를 오래 걸을 수 있었습니다. 그들은 완벽한 팀워크를 이룬 것입니다.

당신이 다른 사람을 위해 노력하고 다른 사람이 당신을 위해 애쓸 때, 하나되고 연합할 수 있으며 더 큰 것을 이룰 수 있습니다.

내가 나만의 길을 고집하거나 다른 사람을 무시하거나 앞서려고 한다면 결코 함께 걸을 수 없습니다.

가장 아름다운 음악은 작은 새의 노래에서 들을 수 있습니다. 칠면조나 타조나 독수리에게서 아름다운 소리를 기대할 수 없습니다. 카나리아나 굴뚝새나 종달새가 아름다운 소리를 냅니다.

만약 우리의 목소리를 합하여 하나님께 아름다운 찬양을 드리려면, 우리는 각자의 목소리를 낮추어야 합니다. 그리고 함께 노래하는 사람들의 소리를 들으면서 찬양해야 합니다.

「인생을 즐기는 그리스도인」, 프릿츠 리데나워 관주

주님은 스타가 아니라 일꾼을 찾으신다

** 보라 형제가 연합하여 동거함이 어찌 그리 선하고 아름다운고

(시 133:1)

유명한 지휘자 아르투로 토스카니니가 뉴욕의 메트로 폴리탄 오페라 하우스에서 리허설을 하다가 주연을 맡은 독창자에게 잘못을 지적해 주었습니다.

그러자 자존심이 상했던 그녀는 충고를 받아들이지 못하고 "나는 이 공연의 스타입니다"라고 화를 내며 소리를 질렀습니다.

토스카니니는 현명하면서도 단호하게 응답했습니다.

"이 공연에 스타는 없습니다."

독창자와 합창 단원들과 오케스트라는 모두 조화를 이루어 함께 일해야 합니다. 그렇지 않으면 아름다운 음악은 만들어지지 않습니다.

이것은 교회에 있어서도 마찬가지입니다. 바울은 고린도 교인들에게 보낸 첫번째 편지에서 우리 신체의 각 부분을 그리스도의 몸이 되는 교회 안에 있는 개개인에 비유하였습니다.

믿는 사람으로 우리 모두는 각자 고유한 개성과 자기의 할 일이 있지만 다같이 모였을 때에는 한 몸을 이루는 것입니다. 그러므로 우리는 서로가 서로에게 매우 필요한 사람이라는 것을 인정해야 합니다.

바울 사도는 "눈이 손더러 내가 너를 쓸 데가 없다 하거나 또한 머리가 발더러 내가 너를 쓸 데가 없다 하지 못하리라"(고전 12:21)고 했습니다.

주님은 스타가 되고 싶어하는 독창자를 찾지 않으십니다. 주님은 기꺼이 종이 되고자 하는 일꾼들을 찾고 계십니다.

「오늘의 양식」